나의 취업 경쟁력을
점검해주는
7가지
'ㅈ'
이야기

자신 Oneself
Bonus 'ㅈ'
나의 취업 경쟁력을 점검해주는
7가지 'ㅈ' 이야기
김연욱 지음
자격 Requirement
적성 Aptitude
전략 Strategy
Information
정보
즐길 Enjoy
Sincerity
정성
세창미디어

나의 취업 경쟁력을 점검해주는
7가지 'ㅈ' 이야기

펴낸날 | 2008년 8월 5일 초판 인쇄
　　　　2008년 8월 10일 초판 발행
지은이 | 김연욱
펴낸이 | 이방원
펴낸곳 | 세창미디어

　　　　주 소 | 서울시 서대문구 냉천동 182 냉천빌딩 4층
　　　　전 화 | 723-8660 팩 스 | 720-4579
　　　　e-mail | sc1992@empal.com
　　　　http://www.scpc.co.kr
　　　　신고번호 | 제300-1998-3호

값 15,000원

잘못 만들어진 책은 바꿔 드립니다.

ISBN 978-89-5586-084-9   13710

(나의 취업 경쟁력을 점검해주는) 7가지 'ㅈ' 이야기 / 김연욱 지음.
— 서울 : 세창미디어, 2008
　　p. ;   cm

ISBN 978-89-5586-084-9 13710 : ₩15000

취업준비[就業準備]

325.33-KDC4
658.311-DDC21　　　　　　　　　　　　　　CIP2008002359

난생 처음 취업을 준비하는 여러분들은 샘플을 좋아한다. 대학교에서 1:1 컨설팅 및 강의를 진행하거나 온라인 동영상 강의, 혹은 취업 관련 칼럼 등을 작성하다 보면 신입 지원자들의 즉각적인 반응을 알 수 있는데, 그들 중 대다수는 샘플을 통한 작성법이나 즉각적인 대비법을 알려주기를 원한다. 필자가 샘플을 통한 구체적인 사항들을 알려주기 전에 개념적이고 원론적인 이야기를 늘어놓는 것을 상당한 시간 낭비라고까지 생각하며 댓글을 통하여 빨리 샘플 작성법으로 넘어갈 것을 조용히(?) 요구하기도 한다.

필자는 취업을 준비하는 신입 지원자들의 고충을 아주 잘 알고 있다. 일반적으로 한 회사에 대한 취업 활동을 시작하게 되면 맨 처음 이력서 및 자기 소개서 작성에서부터 면접까지 사전에 대비해야 할 사항들이 너무나도 많다. 또한 구직 활동을 할 때 하나의 회사에만 지원하는 것이 아니기 때문에 각기 다른 회사에 맞춰서 이력서와 자기 소개서를 작성하려면 당장 오늘 밤을 꼴딱 새워야 할 수도 있다. A라는 회사에 오늘까지 이력서를 제출해야 하는데, 내일 당장 B라는 회사의 면접이 잡혀 있다면 상황은 더더욱 복잡해질 것이다.

하지만 필자는 여러분들이 바쁘다는 이유로 이 원론적이고 개념적인 부분을 건너뛸 생각은 추호도 없다. 그 이유는 이러한 부분을 건너뛰게 되면 여러분 스스로 응용력과 창의력을 발휘할 수 없기 때문이다. 샘플을 통하여 이력서와 자기 소개서를 작성하고, 족보를 통하여 면접을 대비하는 방법은 취업을 위한 아주 단편적인 부분에 불과하다는 것을 지원자 스스로 깨달아야 하기 때문이기도 하다. 이런 식으로 해서는 전략적으로 그리고 정성껏 작성했다는, 소위 우리가 말하는 '합격 이력서 및 자기 소개서'가 나올 수 없고, '취업 성공 후기'라는 것을 작성해 볼 기회를 얻기도 힘들다.

필자가 현재 영문 이력서 및 영어 면접 1:1 컨설팅과 강의를 담당하고 있는 한 대학교에서 필자 이전의 컨설턴트가 철저하게 샘플 위주로 강의를 진행했던 적이 있었다. 처음 몇 주 진행된 컨설팅과 강의에서 필자는 그렇게 샘플 위주로 진행된 강의가 생각보다 많은 학생들의 창의력과 응용력을 제한하게 된다는 사실을 깨닫게 되었다. 대부분의 학생들이 샘플식 강의를 통하여 얻은 정보를 바탕으로 거의 비슷비슷한 이력서와 자기 소개서를 들고서 컨설팅에 참여하였던 것이다. 각자 지금까지 살아온 길과 방법, 생각, 의견, 철학 등은 달랐지만, 이력서와 자기 소개서에 작성된 내용에는 큰 차이가 없었다. 이에 필자는 샘플을 통한 본격적인 작성법이나 면접 대비법을 알려주기 전에 반드시 원론적이고 개념적인 부분을 다루어야 한다는 것을 다시 한 번 확신하게 되었다.

물론 필자가 샘플을 통한 작성법을 등한시한다는 뜻은 절대로 아니다. 정확하게 작성된 샘플을 바탕으로 본인의 내용을 대입하는 과

 나의 취업 경쟁력을 점검해주는 7가지 'ㅈ' 이야기

정은 반드시 필요하기는 하다. 하지만 이런 구체적인 사항들은 확실한 개념을 잡고 난 이후에 진행해도 늦지 않다. 아니 오히려 확실하게 개념을 잡고 정확하게 이해를 한 후에 진행해야 훨씬 더 좋은 결과를 얻을 수 있다.

필자가 앞에서 말한 샘플은 '1 : 1 대입식 교육'에 기반을 두고 있다. 가르치는 사람이나 배우는 사람이나 1 : 1식으로 그저 잘 작성된 샘플을 옆에 두고 지원자의 내용을 옮기고 있을 뿐이다. 가르치는 사람은 어디에 어떻게 옮기는지, 그리고 배우는 사람은 어떤 내용이 가장 잘 맞을지만을 알아보고 있는 것뿐이다. 수학 공식을 외우는 것과 별반 다른 것이 없다. 충분한 이해 없이 그냥 그렇게 기계적으로 공식에 대입하고 있을 뿐이다.

지금 이렇게 원론적이고 개념적인 것을 강조하고 있는 필자 역시 첫 번째 서적을 작성할 때 샘플 위주로 이력서를 설명하였고, 모범 문답 위주로 면접 요령을 알려주었다. 사전에 이미 본인의 취업 경쟁력을 분석하고 점검할 수 있는 능력을 갖춘 지원자들에게 그 서적은 아주 많은 도움이 되었을 것이다. 하지만 그렇지 못한 지원자들에게 이러한 1:1 대입식 설명은 큰 도움이 되지 못했을 수도 있으리라.

취업에서 성공은 합격을 의미한다. 합격에 근접한 과정은 다음 번 합격을 위해서 소중한 경험이 되기는 하지만 '성공'과 '실패'로 분류를 한다면 명백한 '실패'로 보아야 마땅하다. 이력서를 100장 이상 제출하고, 면접을 10번 이상 보았음에도 불구하고 취업에 성공하지 못하고 있는가? 그렇다면, 시작에서부터 혹은 중간에서 무엇인가가 꼬여 있을 가능성이 높다. 그리고 그 꼬여 있는 부분은 원론적이고 개념적인 이야기를 통해서 충분히 풀어낼 수 있다고 필자는 굳게 믿는다.

어디서부터 어디까지가 꼬여 있는지 그리고 무엇을 잘못 대입하고 있는지 알고 싶다면 그래서 앞으로 맞이할 기회를 반드시 성공으로 만들고 싶다면, 이 시점에서 여러분들의 취업 경쟁력을 점검해 볼 필요가 있다.

여기 『7가지의 'ㅈ' 이야기』가 있다. 이제 막 본격적인 취업 활동을 시작했다면 구체적인 이력서와 자기 소개서를 작성하기 전에 여러분들의 경쟁력을 확실하게 점검해볼 수 있다. 지금까지 실패만 했던 구직 활동이라면 더더욱 자신의 취업 경쟁력을 다시 되돌아볼 기회를 가져야만 한다. 지금 여러분들이 취업 활동의 어떤 단계에 있든 간에 적어도 한 번쯤은 본인의 취업 경쟁력을 정확하게 점검하고 분석해 볼 필요가 있다.

가르치거나 배우는 모든 사람들이 샘플에 집중하고 있다. 필자 역시 이 책에서 대입 가능한 샘플을 설명할 수밖에 없을 것이다. 하지만 그 샘플은 샘플을 위한 샘플이 아니라 원론적이고 개념적인 부분을 다루기 위한 샘플임을 알아주기 바란다.

필자는 샘플에 집중하기 전에 누군가는 원론적이고 개념적인 부분을 꼼꼼하게 다루어 볼 필요가 있다고 생각했다. 그리고 그 일을 필자가 기꺼이 짊어지기로 결심하였다.

7가지의 'ㅈ' 이야기. 지금부터 시작된다.

차 례

1 자신

목적에 맞는 자신에 대한 정보 만들기

이름, 학력 배경 그리고 관련 경험 챙기기

완벽한 문장으로 만들기

살 입히고, 꽃 달고, 장식하기

1

자신(Oneself)

목적에 맞는 자신에 대한 정보 만들기

필자는 필자를 알릴 때 약력을 활용한다. 지금 여러분이 읽고 있는 이 책 표지에도 필자의 약력이 나와 있다. 대학교에서 컨설팅을 하거나, 기업체에서 면접관을 하거나, 온라인에서 동영상 강의를 할 때도 필자는 이 약력을 활용한다. 왜냐하면 이 약력이 필자에 대한 가장 간략하면서도 핵심적인 정보를 담고 있기 때문이다.

그런데 자신에 대한 정보를 전달하는 것은 상황에 따라서 충분히 달라질 수 있다. 이웃에 새로 이사온 사람을 처음 만났을 때에는 "저는 702호에 사는 김연욱입니다" 정도로 필자에 대해서 간단히 소개할 수 있다.

여러분들도 마찬가지이다. 소개팅을 하는 자리에서 자신의 학력 배경과 인턴십 경험을 들먹이지 않는다. 어머니 친구분께서 집에 놀

러오셨는데 면접에서 활용하는 자기 소개를 바탕으로 자신을 소개하지 않을 것이다. 따라서 자신을 소개하기 위해서는 우선 어떤 목적을 가지고 소개할 것인지를 알아야 한다. 지금 우리는 취업 경쟁력을 점검하고 있으니까 당연히 그 목적은 취업용이 되어야 한다.

여러분은 자신에 대해서 얼마나 알고 있다고 생각하는가? 조금 더 구체적으로 자신에 대해서 알고 있는 정보를 취업용으로 풀어낼 수 있느냐는 질문이 되겠다. 모든 만남에서 자신을 소개하는 것을 빼놓을 수 없는 것처럼 취업에서도 모든 단계는 자신에 대한 정보를 전달함으로써 시작이 되는데, 이를 잘 마치기 위해서는 자신을 알아보는 과정이 필요할 것이다. 이력서에서 자신의 역사(history)를 소개하고, 자기 소개서에서 자신에 대한 구체적인 사항들을 설명하고, 면접에서 자신을 소개하는 시간을 갖는 것이 이를 강하게 뒷받침하고 있다.

이력서와 자기 소개서를 통해서 자신을 표현하는 것은 쉽지 않다. 또한 면접이라는 압박적인 분위기에서 자신이 누구인지를 말하는 것 역시 만만치 않은 과정이다. 그런데 이러한 과정을 거치기 이전에 자신에 대해서 알아볼 충분한 시간을 가지지 않는다면, 자신을 알리는 목적을 정확하게 달성하지 못할 가능성이 높다.

다시 말하자면 소개팅에 나가서 아르바이트를 바탕으로 한 경쟁력을 전달하는 것이 될 수도 있고, 옆집에 새로 이사온 이웃에게 학력 배경을 바탕으로 자신을 소개하는 것이 될 수도 있다는 뜻이다. 즉, 아무렇게나 자신을 소개하는 것이 아니라 내가 일하고자 하는 분야에 맞도록 그리고 내가 지원하고 있는 회사에서 원하는 것을 충족시킬 수 있도록 자신을 알려야 한다.

셀프 점검표 1

서로 다른 상황에서 어떤 방식으로 자신을 소개할 것인지 알아보자.

1. 소개팅 :

2. 동아리 가입시 :

3. 선배에게 :

4. 교수님에게 :

이름, 학력 배경 그리고 관련 경험 챙기기

자, 그럼 취업용으로 활용할 수 있는 자신에 대한 정보를 만들어 보자. 처음 시작하는 과정이니까 아주 구체적인 내용이 될 필요는 없다. 나중에 가면 어차피 살 입히고 꽃 달고 장식하게 될 것이니까. 하지만 방향을 맞출 필요는 있겠다. 이름과 학력 배경, 관련 경험을 바탕으로 꾸려질 이 정보들은 앞으로 진행하게 될 구직 활동에서 활용할 모든 사항들의 초석이 될 것이니까.

이름, 학력 배경 그리고 관련 경험. 이 세 가지가 취업용 정보의 기본 바탕으로 선택된 이유는 그것들이 취업용으로 반드시 알려야 하는 정보이기 때문이다. 즉, 여러분이 지원하는 회사에서 반드시 알고 싶어하는 정보라는 뜻이다. 또한 이력서, 자기 소개서, 면접 등에서 두루두루 활용할 수 있는 핵심적인 정보가 될 것이기 때문이기도 하다.

그럼, 이름을 먼저 살펴보자.

이름의 사전적인 의미는 '사람의 성 아래에 붙여 다른 사람과 구별하여 부르는 말' 이다. 여기에서 주목해서 볼 대목은 바로 '다른 사람과 구별' 한다는 것이다. 즉 내가 다른 사람과 구별되기 위해서 불려지는 것이 이름인데, 취업용으로 이름을 제대로 알리기 위해서는 아무래도 추가적인 장식들이 필요할 듯하다. 이름이 동일한 사람도 있을 수 있고, 이름 석자(그 이하나 이상도 있지만)만으로는 취업용으로 나를 알리기에는 부족한 부분이 많기 때문이다. 군대에서는 관등 성명(본인의 직급과 이름)만으로 본인에 대한 정보를 전달할 수 있다. 하지만 앞에서도 언급했듯이 목적에 맞는 정보를 꾸려야 한다. 따라서 취업용으로 확실히 다른 사람과 구별되는 무엇인가가 있다는 것을 알려줄 필요가 있다.

<table>
<tr><td>이름</td><td>김 연 욱</td></tr>
</table>

일단 이름까지는 쉽게 꾸려볼 수 있겠다. 여기서부터 걸리는 사람은 아마도 없을 것이다.

그 다음은 학력 배경 부분인데 바로 여러분의 대학교 혹은 대학원의 이름과 전공을 작성하면 되겠다. 학력 배경 부분이 이름 다음으로 중요한 이유는 처음 취업 활동을 하는 신입의 입장에서 가장 크게 내세울 수 있는 부분이기 때문이다. 왜냐고? 현재 대학생의 신분이고, (이미 졸업을 했을 수도 있지만, 가장 최근까지는 대학생의 신분이었으니까) 딱히 경력이라고 내세울 수 있는 다른 부분이 학력 배경보다 크지는 않으니까.

학교 이름은 지원자의 일반적인 학습 능력 정도를 가늠해볼 수 있는 부분이 된다. 예전에는 상위권 대학을 졸업하면 취업이 자연스럽게 보장되는 것처럼 보여졌지만, 최근에는 출신 학교와 취업의 상관관계가 점차 멀어지고 있는 것이 사실이다. 즉, 어떤 대학교 혹은 대학원을 졸업했는가보다는 지원자가 무엇을 배웠는가가 더 중요해지고 있다는 뜻이다. 따라서 학력 배경을 작성할 때에는 무엇을 배웠는지 알려 주어야 하는데, 그것은 전공을 통해서 가능하다.

　전공은 본인이 지원하고자 하는 분야나 직종 혹은 산업에 대한 지식의 정도를 알 수 있는 학력 배경에서 가장 핵심이 되는 부분이다. 인문계나 상경계 출신의 경우에는 반드시 전공을 바탕으로 취업을 결정하지는 않지만, 그래도 배운 것을 조금 더 많이 써먹을 수 있는 분야를 찾게 될 것이다. 이공계 출신의 경우에는 인문계보다는 조금은 더 전문적인 직종에 지원하는 경우가 많기 때문에 전공에 대한 지식이 중요한 부분으로 작용한다. 일반적으로 한 기업의 연구 개발부서와 같은 경우에 약 90% 정도가 이공계 출신으로 이루어져 있다는 것이 이를 뒷받침하고 있다.

이 름	김 연 욱

학력 배경	한국대학교 경영학과 졸업 예정

　이름과 학력 배경을 꾸려 보았다.

　그런데 이름과 학력 배경만 가지고서는 나를 확실하게 구별하기 어려울 수 있다. 두 지원자의 출신 학교가 다르다고 하더라도 두 학교의 수준이 비슷하다면 동일한 전공을 가지고 있는 두 지원자의 정보는 비슷한 수준이 되고 말 것이기 때문이다. 만약에 두 지원자의 이름까지 동일하다면, 어쩌면 이름과 학력 배경까지는 거의 일치하는 자신에 대한 정보를 전달하는 꼴이 될 수도 있을 것이다. 즉, 이 학력 배경 부분은 내가 가지고 있는 경쟁력 중에서는 가장 핵심이 되는 부분일 수도 있지만, 다른 경쟁자와 비교해서는 그냥 무난한 정도의 경쟁력이 되고 말 수도 있다는 뜻이다.

　그렇다면 이름과 학력 배경에 관련 경험을 추가하여 확실하게 나를 구별시켜보자. 단순하게 구별만 한다는 개념보다는 더 특별한 사람으로 보여질 수 있도록 만든다는 것이 어울리겠다.

이름	김연욱

학력 배경	한국대학교 경영학과 졸업 예정

관련 경험	세창기업에서 3개월 단기 인턴십

　관련 경험도 학력 배경과 마찬가지로 자신에게 도움을 줄 수 있는 사항을 위주로 꾸리는 것이 유리하다. 학력 배경과 관련 경험을 통합하여 자신의 이름을 장식한다고 생각하면 될 것이다. 이름만으로 나의 경쟁력을 알릴 수 없어서 학력 배경과 관련 경험이 필요한 것인데, 이 장식들이 자신이 지금 지원하는 직종이나 분야에 도움을 줄 수 없는 내용들이라면, 장식으로서의 역할을 제대로 수행하지 못할 것이다. 인사 담당자가 내가 꾸려 놓은 단 세 줄의 핵심적이면서도 개략적인 정보만을 바탕으로 가능성과 잠재력을 엿볼 수 있을 정도는 되어야 한다는 뜻이다.

　하지만 관련 경험은 막상 작성할 내용이 쉽게 떠오르지 않을 수 있다. 실제로 많은 대학생들을 만나 보면 이 관련 경험 부분이 가장 취약한 것이 사실이다. 그렇다고 시간을 거슬러 올라갈 수도 없고, 졸업을 앞둔 급박한 시점에서 다른 관련 경험들을 챙기기도 쉽지 않다. 그 순간만큼은 관련 경험을 챙기지 못한 자신을 조금 꾸짖어도 좋다.

위에 작성한 내용처럼 인턴십의 경험이 없다면 아르바이트 내용으로, 아르바이트도 없다면 동아리 및 봉사 활동 내용으로, 그것마저도 없다면 남들과 구별될 수 있다고 생각하는 특별한 경험(어학연수, 운동, 취미, 특기, 인생관, 좌우명 등)을 바탕으로 챙길 내용을 찾아보도록 하자. 이 역시 학력 배경과 더불어서 나의 이름을 적절하게 꾸며줄 수 있는 사항이 되어야 한다.

어학연수	미국에서 9개월간 어학연수 이수

동 아 리	교내 소식지 편집동아리 편집장 활동

봉사 활동	전국 대학교 봉사활동 동아리 활동

직 업 관	공정한 경제의 구현을 위하여 일하는 정직한 회계사

위의 내용은 특별하게 내세울 관련 경험이 없는 지원자들이 꾸려 볼 수 있는 사항들이다. 어학연수부터 기타 활동까지 자신만이 가지고 있는 내용을 바탕으로 관련 경험을 대체하여 보았는데, 지금까지 그만큼의 관련 경험을 해보지 못해서 어쩔 수 없이 다른 내용들로 대체했다고 보는 것이 옳을 것이다. 물론 이러한 사항들이 직접적인 관련 경험보다 더 큰 느낌으로 전달될 수 있는 상황도 있다. 이 부분은

앞으로 보다 상세하게 알아볼 것이다.

이름과 학력 배경, 관련 경험은 반드시 1개 이상은 준비를 해야 한다. 이러한 내용이 특별하면 특별할수록 자신의 취업 경쟁력은 높아지게 된다. 반면에 여기에 작성할 수 있는 내용이 빈약하면 빈약할수록 앞으로 진행될 다른 내용으로 support를 해야 할 것이다. 부디 처음 시작부터 조금 없어 보이는 정보를 바탕으로 시작하지 않기를 그저 바랄 뿐이다.

셀프 점검표 2

자신에 대한 취업용 정보를 꾸려보자.

1. 이름 :

2. 학력 배경 :

3. 관련 경험 :

4. 어학연수 :

5. 동아리 :

6. 봉사 활동 :

7. 직업관 :

8. 기타 :

※ '기타' 는 본인의 상황에 맞는 내용이 1~7번에 포함되지 않는 경우에 추가
   적으로 작성하면 되겠다. 앞으로 이어지는 모든 셀프 점검표에 동일하게
   적용된다.

완벽한 문장으로 만들기

셀프 점검표를 통하여 자신에 대한 정보를 취업용으로 꾸려 보았는가? 그럼, 이제 이 내용을 완벽한 문장 형태로 한번 만들어 보도록 하자. 이름, 학력 배경, 관련 경험, 연수, 기타 활동 등을 바탕으로 몇 가지 서로 다른 접근으로 완벽한 문장을 구성해 보도록 하겠다.

〈관련 경험〉

저의 이름은 김연욱입니다. 저는 현재 한국대학교에서 경영학을 전공하고 있으며, 내년 2월에 졸업을 앞두고 있습니다. 세창기업에서 3개월간 단기 인턴십을 완료한 경험을 가지고 있습니다.

〈어학연수〉

저의 이름은 김연욱입니다. 저는 현재 한국대학교에서 경영학을 전공하고 있으며, 내년 2월에 졸업을 앞두고 있습니다. 미국에서 9개월간 영어 어학연수 코스를 이수하였습니다.

〈동아리〉

저의 이름은 김연욱입니다. 저는 현재 한국대학교에서 경영학을 전공하고 있으며, 내년 2월에 졸업을 앞두고 있습니다. 저는 교내 소식지 편집 동아리에서 편집장으로 활동하였습니다.

〈봉사 활동〉

　저의 이름은 김연욱입니다. 저는 현재 한국대학교에서 경영학을 전공하고 있으며, 내년 2월에 졸업을 앞두고 있습니다. 전국 대학교 봉사 활동 동아리에서 여러 봉사 활동에 참여한 경험이 있습니다.

〈직업관〉

　저의 이름은 김연욱입니다. 저는 현재 한국대학교에서 경영학을 전공하고 있으며, 내년 2월에 졸업을 앞두고 있습니다. 공정한 경제의 구현을 위하여 일하는 정직한 회계사가 되는 것이 저의 목표입니다.

　앞에서 알아본 정보를 완벽한 문장 형태로 만드는 이유는 실제 취업에서는 이런 식으로 풀어서 설명해야 하는 상황이 더 많기 때문이다. 간결하게 정리한 정보만으로는 자기 소개서나 면접의 자기 소개를 위하여 부족한 부분이 아직 많을 수 있다. 그리고 본격적으로 살을 입히고 꽃 달고 포장을 하기 위함이기도 하다.

　그럼, 우선 다음 단계로 넘어가기 전에 셀프 점검표를 통하여 본인의 취업용 정보를 완벽한 문장 형태로 만드는 작업을 진행해 보자.

취업용 정보를 완벽한 문장 형태로 구성해 보자.

1. 관련 경험 :

2. 어학연수 :

3. 동아리 :

4. 봉사 활동 :

5. 직업관 :

6. 기타 :

살 입히고, 꽃 달고, 장식하기

여기까지 별탈없이 잘 진행되었는지 모르겠다. 그렇다고 굳게 믿 겠다. 그럼, 앞에서 완벽한 문장으로 구성한 취업용 정보에 살을 입히 고 꽃을 달고 장식해 보자. 방금 완벽한 문장 형태로 만들지 않았냐 고? 맞다. 하지만 아직까지는 그냥 원석(가공하지 않는 보석) 정도로 볼 수 있을 뿐이다. 이 정보가 앞으로 진행될 이력서나 자기 소개서 그리 고 면접에 맞게 적절하게 활용될 때 비로소 취업용 정보의 목적을 달 성할 수 있을 것이다.

❀ 이력서

이력서는 객관적이고 사실적인 내용만을 위주로 작성하는 문서이 다. 즉, 순수한 fact만을 담을 수 있게 되어 있다. 영미권에서 활용이 되는 resume(영문 이력서)는 국문 이력서와 비교하면 상당히 구체적 이고 상세한 설명을 바탕으로 증거를 제시하도록 구성되어 있다. 하 지만 일반적으로 활용하는 국문 이력서의 경우에는 칸 양식으로 구 성되어 있기 때문에 상대적으로 많은 부분을 작성하지 않는다. 그렇 기 때문에 자기 소개서라는 서술 형태의 문서로 본인이 작성한 이력 서를 support하도록 되어 있는 것이다.

이력서는 fact를 바탕으로 간결하게 작성되어야 한다고 앞에서 말 했다. 하지만 간결하게 작성하라는 뜻은 정보를 최소화하라는 뜻이 결코 아니다. 오히려 정보를 최대화하되 미사여구나 기타 주관적인 설명을 덜어내라는 것이다. 물론 대부분의 국문 이력서는 칸으로 구성되어 있으며, 이 칸이라는 것이 사실 많은 내용을 작성하지 못하게 만들어져 있다. 하지만 지원하는 회사에서 지정해 준 양식이 아니라면 자유 양식으로 얼마든지 칸을 늘리거나 변형할 수 있다. 내 마음대로 자유롭게 구성할 수 있으니까.

우리는 처음 취업을 하는 단계에서 이미 칸으로 만들어진 이력서 양식에 너무 많이 길들여져 버렸다. 지금 여러분들이 주로 사용하고 있는 국문 이력서의 양식을 꺼내보기 바란다. 아마 10자 이상의 설명을 작성할 수 있는 칸으로 이루어진 양식도 드물 것이다. 나의 이름을 장식해줄 수 있는 학력 배경과 관련 경험에 해당하는 칸이 10자 이상도 설명할 수 없게 만들어져 있다. 이것이 옳다고 보는가? 무슨 말을 하려는지 안다. 자기 소개서가 있다. 이 자기 소개서로 support를 하면 된다. 하지만 구체적으로 잘 작성이 된 이력서가 없다면 자기 소개서에서도 도대체 어떤 내용을 바탕으로 내용을 불려 나가야 하는 것인지 알 수 없게 된다. 필자가 장담한다.

이력서 작성에서 여러분은 창의력을 발휘해야만 한다. 말이 좋아서 창의력이지 우리가 길들여진 칸 양식에서 탈피하는 과정이라고 생각하면 쉽겠다. 그저 시간을 조금만 더 투자해서 작성할 내용을 생각하기만 하면 되는 것이다. 어렵지는 않은데, 한 번도 해본 적이 없어서 어렵게 느끼고 있을 뿐이다.

이름	김 연 욱

학력 배경	한국대학교 경영학과 졸업 예정

<table><tr><td>관련 경험</td><td>세창기업에서 3개월 단기 인턴십</td></tr></table>

우선 이름은 뭐 특별하게 손을 볼 필요는 없으니까 바로 학력 배경으로 넘어가보자. 일반적으로 학력 배경을 작성할 때에는 학교와 전공 정도의 정보를 알린다고 했다. 하지만 보다 알찬 정보를 전달하기 위해서는 다음 정도까지는 증거를 제시하여 줄 수 있다.

한 가지만 덧붙이자면 필자는 구체적인 내용을 설명함에 있어서 칸으로 된 양식을 사용하지 않을 것이다. 여러분들이 창의력과 응용력을 최대한으로 발휘할 수 있도록, 그리고 가능하면 많은 내용을 생각해낼 수 있도록.

학력 배경

- 한국대학교 (2003년 ~ 현재)
  - 경영학과 재학중 (2009년 2월 졸업 예정).
  - 관련 과목: 조직 행동론, 마케팅 관리, 커뮤니케이션론, 서비스 마케팅, 인터넷 마케팅, 국제 마케팅, 마케팅 사례 연구.
  - 현재 학점: 3.9/4.5

자, 단순하게 '한국대학교 경영학과 졸업 예정' 으로 꾸렸던 정보가 이력서를 위해서 위와 같이 장식되었다. 여기에서 주목해서 볼 부분은 바로 관련 과목이 되겠다. 보통 국문 이력서를 작성할 때에는 이처럼 관련 과목을 나열하는 경우가 거의 없다. 하지만 본인이 지원하는 분야나 직종을 분석하여 이처럼 몇 가지 배운 과목을 나열할 수 있

는데, 지원자가 이 정도의 지식적인 면을 갖추고 있다는 것을 증거로 내세울 수 있는 부분이 되겠다. 위 지원자의 경우에는 주로 마케팅 관련 과목들을 챙긴 것으로 보아 아마도 마케팅 부서에 지원하는 것으로 짐작할 수 있겠다.

만약에 위 지원자가 재무 분야에 지원하는 상황이라면 관련 과목은 아마도 다음과 같이 변경될 수 있을 것이다.

> 관련 과목: 재무 관리, 선물옵션 이론, 재무제표 분석, 회계 감사, 고급 회계.

물론 대학에서 이러한 것을 배웠다고 그것이 실무에 반드시 다 도움이 된다는 보장은 없다. 또한 신입의 입장에서는 아무리 지식적인 면을 강조하여도 인사 담당자가 보았을 때에는 아주 작은 부분일 뿐이다. 하지만 이렇게 관련 과목을 맞추어 가는 것은 그만큼의 지식적인 배경이 있다는 것을 알림으로써 다른 경쟁자보다 내가 더 빠르게 그리고 쉽게 업무를 이해할 수 있다는 것을 전달할 수 있다. 또한 지원하는 직종이나 업무를 그만큼 분석하고 파악했다는 뜻도 함께 전달할 수 있다.

그럼, 관련 경험 사항은 어떻게 구성이 가능한지 한번 살펴보도록 하자.

경험 사항

- 세창기업 (2008년 1월 ~ 2008년 4월)

마케팅 보조 인턴
 － 시장조사 및 경쟁사 전략 분석.
 － 기존 마케터 보조 업무.
 － 중장기 마케팅 전략 회의 준비 업무.

관련 경험 역시 마찬가지로 '세창기업에서 3개월 단기 인턴십' 이라는 단순한 내용이 위와 같이 장식되었다. 인턴으로 근무한 3개월은 분명히 짧은 기간이다. 그 짧은 기간 내에 시장조사를 했으면 얼마나 했고, 경쟁사 전략을 분석했으면 얼마나 했을까? 이런 식으로 생각을 하고 있다면 오산이다. 앞에서도 언급을 했지만 출신 학교와 학과가 비슷한 수준이라면 관련 과목 역시 비슷한 수준이 되고 말 것이다. 따라서 이 학력 배경까지는 자신의 이름이 특별하게 보일 수 있도록 하는 장식으로는 부족할 수 있다.

하지만 한 기업에서 3개월간 인턴으로 근무하면서 본인이 지원하고자 하는 마케팅 업무를 직접 옆에서 보고 배우면서 체험해 볼 기회가 있었다는 것은 누가 보아도 특별한 경험이 될 수 있을 것이다. 고기도 먹어본 놈이 더 잘 먹는다고, 실제로 한 기업에서 마케팅 보조 인턴으로 근무하면서 나의 자질이나 적성이 이 일에 맞는지를 심사숙고 해볼 기회를 가질 수 있었을 것이다. 업무를 배우고 익히기에는 짧은 3개월일지 몰라도 나의 진로를 정확하게 결정할 수 있는 시간으로는 절대로 짧은 기간이 아니다. 그리고 계속해서 마케팅에 지원하고 있다는 뜻은 그 3개월의 시간 동안 마케팅에 더 많은 관심을 가지게 되었다는 뜻도 된다. 짧은 인턴십의 내용으로 생각보다 훨씬 더 많은 정보를 전달할 수 있다.

만약에 이 경험이 지금 지원하는 분야와 연관성이 없다고 하더라도, 신입의 입장에서 한 기업에 소속되어 일해본 경험은 충분한 가치가 있다. 학생의 신분에서 한 기업의 직원이라는(비록 파트 타임이라고 할지라도) 역할을 수행해 보지 않고서 이해하기는 어려울 것이다. 또한 한 기업에서 직원들이 어떻게 협조하면서 일하는지, 팀워크라는 것이 얼마나 중요한 것인지, 보통의 하루 일과는 어떻게 되는지 직접 경험해 본 것과 그렇지 않은 것은 분명 차이가 있다. 군대에 먼저 간 친구가 100일 휴가를 나와서 이것 저것 막 떠들어대고 있는 기분이랄까? 아무튼 경험이라는 것은 비록 짧은 기간이라도 큰 차이를 만들어 낼 수 있다. 하지만 이 경험에서 느끼고 배운 점들은 순수한 fact만을 작성하는 이력서에서는 표현이 어려울 수 있기 때문에 자기 소개서를 통하여 전달 가능하다.

❀ 자기 소개서

자기 소개서는 아무렇게나 막 작성하는 문서가 아니다. '아무렇게나 막' 이라는 뜻은 그저 내가 생각나는 대로, 내가 작성을 하고 싶은 대로, 내가 전달하고 싶은 이야기 위주로 자유롭게 작성이 되어서는 안 된다는 뜻이다.

필자가 책을 집필할 때에는 쉽고 재미있게 작성하는 것을 중요시한다. 정보의 정확성이나 질(quality)이 당연히 중요하기는 하지만 그러한 정보를 읽는 이가 어떻게 잘 이해할 수 있는지가 최대의 관건이

 나의 취업 경쟁력을 점검해주는 7가지 'ㅈ' 이야기

다. 소설이나 수필, 시의 경우에는 저자만의 독특한 개성이 묻어난다. 그 저자의 문체나 느낌, 사상, 결론 등이 나와 맞지 않는다고 생각하면 읽지 않으면 그만이다. 하지만 자기 소개서는 그렇게 할 수 없다. 가장 성공적인 자기 소개서의 첫 번째 요건은 처음부터 끝까지 다 읽히는 자기 소개서니까.

따라서 자기 소개서 역시 앞에서 알아본 정보를 바탕으로 완벽한 문장에 살을 입혀보자. 그 당시의 상황을 설명하고, 과정과 결과를 알린다. 그리고 그 상황으로부터 배우고 얻은 것을 바탕으로 지금 현재 본인이 무엇을 손에 쥐고 있는지를 알리는 것이다.

학력 사항

한국대학교 자동차 공학과 (2004년 3월 ~ 2008년 2월)

- 관련 과목: 재료공학, 전자제어
- 관련 활동: 교내 자동차 제작 모임 활동

위와 같은 정보를 이력서에 꾸렸다고 가정해 보자. 학교 이름과 전공, 관련 과목에 관련 활동까지 나름대로 꽤 알찬 정보를 꾸린 것처럼 보인다. 하지만 이러한 객관적인 정보는 다음 정도의 내용으로 살을 입혀볼 수 있다.

자동차에 대한 깊은 관심을 바탕으로 저는 한국대학교에서 자동차 공학을 전공하였습니다. 재료공학과 전자제어와 같은 과목들을 공부하면서 자동차의 물리적 특성과 관련 장치들에 대한 포괄적인 지식을 길렀습니다. 또한 교내 자동차 제작 모임의 일원으로서, 저는 자동차 제작과 정비에 참여하였습니다. 대학을 졸업하자마자 바로 자동차 정비 기능사 자격증을 취득하기도 하였습니다. 이러한 경험을 통해서 저는 차량 정비에 대한 구체적인 지식과 실전업무 능력을 기를 수 있었습니다.

경험 사항도 마찬가지이다.

관련 경험
- ABC회사 마케팅 부서: 인턴십
- 아르바이트 경험

보통 이 정도로 이력서 내용에 살을 입히라고 하면 다음 정도로 만든다.

대학시절에는 여러 아르바이트를 하며 공부를 병행하였고, 인턴십에 지원하여 ABC회사의 마케팅 부서에서 기본적인 마케팅 업무를 경험하였습니다.

그런데 이건 좀 아니다. 이것은 바로 앞에서 우리가 알아본 완벽한

문장 형태를 만들어 본 것일 뿐이다. 전혀 새로운 정보가 포함되어 있
지 않다. 이래가지고는 자기 소개서를 통하여 상황, 과정, 결과, 생각
등을 전혀 전달해 줄 수 없다.

대학시절에는 30여 개가 넘는 아르바이트로 스스로 학비를 해결하면
서 돈을 버는 과정과 방법, 그리고 관리하는 능력을 키울 수 있었습니
다. 반면 공부도 게을리하지 않아 대학시절 총 4번의 장학금을 탄 경험
이 있습니다. 또한 150대 1의 경쟁률을 뚫고 ABC회사의 마케팅 부서에
서 4달간 인턴으로 근무하여 기본적인 마케팅 업무를 익히기 위하여 밤
샘작업도 마다하지 않았습니다.

느낌을 알겠는가? 단 3줄의 취업용 정보가 완벽한 문장 형태를 통
해서 비로소 꽃을 달고 이력서와 자기 소개서라는 문서를 통하여 정
보가 전달되는 과정을. 학력 배경이나 관련이 있는 경험은 상대적으
로 접근이 용이할 수 있지만, 기타 활동이나 동아리 등은 어떤 식으로
접근해야 하는지 아직 감이 잘 안 잡힌다고? 그럼, 나머지 내용들도
자기 소개서를 통하여 알차게 전달해 보도록 하자.

저는 미국에서 참가했던 영어 연수 프로그램으로부터 더 많은 세상
을 볼 수 있었고, 저의 영어 구사능력을 향상시킬 수 있었습니다. 또한
전 세계에서 온 다양한 배경의 학생들과 공부하면서, 국제적인 감각을
길렀을 뿐만 아니라 문화적 차이를 극복하는 방법을 배웠습니다. 이러

한 경험은 저의 독립심과 끈기를 길러주었고, 더 많은 것들을 성취할 수 있는 바탕을 마련해 주었습니다.

위의 내용은 어학 연수를 통하여 얻은 내용을 바탕으로 정보를 전달하고 있다. 계속해서 강조를 하고 있는 부분이지만 정확하게 적용할 수 있는 관련 경험이 없다면 이처럼 일반적인 정보를 바탕으로 정보를 꾸려나갈 수밖에 없다. 단순하게 관련 경험이 없어서 이를 대체한다는 생각보다는 조금 더 적극적으로 창의력을 발휘하여 보자. 얼마든지 내용을 맞춰 갈 수 있는 방법을 찾을 수 있다.

한국 대학교에서 저는 교내 소식지 편집 동아리의 일원으로 활동했습니다. 여러 기사들을 쓰고 편집하면서, 제가 홍보에 소질이 있다는 것을 알게 되었습니다. 대학 3학년 때는 편집장으로서 편집을 총괄하였습니다. 다른 편집자들을 관리하면서, 저는 강한 리더십과 팀워크 능력을 기를 수 있었습니다. 또한 이러한 경험은 저의 창의성을 활용할 수 있는 중요한 기회가 되었습니다.

도덕의 중요성에 가치를 두시는 저의 어머니 덕분에, 저는 다른 사람들의 행복에 마음을 쓰고 어려운 사람들을 도우면서 어린 시절을 보냈습니다. 따라서 저는 대학에 입학한 후에 바로 교내 봉사 활동 동아리에 가입하였습니다. 몸이 불편한 어린이들을 목욕시키고 먹이면서, 저는

도움이 필요한 사람들과 함께 사는 것은 우리의 책임들 중 하나라는 교
훈을 배웠습니다. 은퇴 후에는 세계 모든 곳에 도움이 필요한 사람들을
돕기 위한 목표를 정하기까지 하였습니다. 게다가 여러 마케팅 관련 공
모전에 참여함으로써 새로운 트렌드를 알아내는 감각과 마케팅 전략들
을 세우는 능력을 길렀습니다.

자본주의에서 돈은 중요합니다. 돈은 그 자체로 깨끗해야 합니다만,
많은 더럽고 부정적인 이미지를 가지고 있습니다. 그것은 우리가 돈을
오용하고 있기 때문입니다. 저는 공정한 경제의 구현을 위해 일하는 정
직한 회계사가 되고 싶습니다.

인턴십이나 아르바이트 내용이 아니어도 위의 세 가지 다른 내용
처럼 충분히 나만의 이름을 돋보일 수 있도록 정보를 만들어 낼 수 있
다. 이처럼 자연스럽게 접근이 가능하다면 시도해볼 수 있지만, 너무
억지스러운 느낌이 난다면 그저 신입의 입장에서 갖출 수 있는 일반
적인 내용 정도로만 유지하는 것이 좋겠다.

셀프 점검표 4

완벽한 문장으로 구성한 취업용 정보를 장식해 보자.

1. 학력 배경: 이력서

학력 배경

-               대학교(년 ~   년)
  -         과 재학중(년   월 졸업 예정)
  - 관련 과목:
  - 현재 학점:

2. 학력 배경: 자기 소개서

3. 관련 경험: 이력서

경험 사항

-          (년   월 ~   년   월)

  ―

  ―

4. 관련 경험: 자기 소개서

5. 기타: 이력서

6. 기타: 자기 소개서

2 적성

인성과 적성이 대세이다

적성이 중요한 이유는 무엇인가

나만의 적성 찾기

그 동안의 서류 전형이나 면접의 결과를 분석하라

주위의 도움을 받아라

2 적성(Aptitude)

인성과 적성이 대세이다

기업의 인사 담당자들은 신입 지원자들의 취업에 영향을 미치는 중요한 몇 가지 요소들 중에서 인성/적성을 가장 높이 평가한다는 조사 결과가 있었다. 중요한 몇 가지 요소들이란 인성/적성을 포함하여 출신학교, 출신학과, 학점, 영어능력, 외국어 점수, 업무관련 경험 등이었는데, 그 중에서 인성과 적성이 가장 높은 점수를 받은 것이다.

대기업	인성/적성 → 출신 학교 → 학점 → 출신 학과: 주로 학력 배경에 조금 더 많은 관심을 둠
외국계 기업	인성/적성 → 업무 관련 경험: 주로 지원하는 업무와 관련된 지원자의 노력에 더 많은 관심을 둠
중소 및 벤처 기업	인성/적성 → 출신학과 → 업무관련 경험: 학력 배경과 업무 관련 경험에 골고루 점수를 줌

중요도의 순서는 위의 표에서 보는 것처럼 대기업, 외국계 기업, 중소 및 벤처 기업이 조금씩 달랐다. 하지만 어떤 종류의 기업을 막론하고 지원자의 인성과 적성을 최고로 따지고 있다는 것을 확인할 수 있다. 이와 더불어서 우리가 앞에서 알아본 취업용 정보가 얼마나 중요한 것인지도 확인해 볼 수 있다.

기업들은 빡빡한 취업의 과정을 통하여 본인들의 구미에 맞는 지원자를 선별한다. 최근에는 입사 지원 서류에 관대해지는 대신에 '직접 만나 보고 인품이나 언행 따위를 시험하는 일' 인 면접의 비중을 점차 늘려서 글로는 파악하기 어려운 지원자의 인성과 적성을 꼼꼼하게 챙겨보기 시작하였다. 또한 아예 인성/적성 검사를 따로 만들어서 그 비중을 점차 늘려가고 있는데, 이는 기업들이 단순하게 지원자의 지식과 경험만으로는 함께 일하기에 적절한 사람을 뽑는 데 한계를 느끼고 있다는 것을 방증한다.

자신들과 오래도록 열심히 일할 수 있는 직원을 찾기 위해서, 그리고 만약에 회사를 옮기게 된다고 하더라도 함께 일하는 기간 동안에 직원들이 최고의 능력을 보여줄 수 있는 자리에 배치하기 위해서 인성과 적성을 꼼꼼하게 따져보고 있다. 또한 자신들의 회사에 잘 맞을 만한 사람인지, 자신들이 목표로 하는 것을 이해할 수 있을 만한 사람인지를 파악하기 위한 과정도 되겠다.

따라서 기업들의 가장 중요한 과제는 사람을 뽑는 일보다 뽑아놓은 사람을 관리하는 일로 바뀌게 되었다. 멘토링(경험과 지식이 풍부한 사람이 구성원을 1대1로 전담해 지도 및 조언하면서 실력과 잠재력을 개발시키는 것) 제도나 해외 연수, 그리고 무엇보다 중요한 개개인의 적성에 맞는 임무를 부여하는 등의 노력을 하고 있는 것이다. 물론 처음부터 나가지 않고 오래도록 일할 수 있는 사람을 뽑는 것이 중요하겠지만, 이미 뽑아 놓았다면 그 사람이 가장 좋아하고 잘할 수 있는 자리를 주어서 개인이나 회사 모두에 이익이 돌아가게 해야 한다는 것이다.

개인의 성격과 실제 업무 환경에서 드러나게 되는 특성이나 기질은 다를 수 있다. 일반적으로 우리는 외향적이고 활동적인 사람은 영업이나 사람을 많이 만나는 일에서 좋은 성과를 낼 수 있다고 생각을 하지만 모든 경우에 다 그런 것은 아니다. 이것은 점차 다양화되고 세분화되는 업종의 변화에서 그 실마리를 찾을 수 있다. 고객들의 다양해진 요구들을 충족시키기 위한 서비스나 제품도 다양해지면서 기업들도 기존의 한 가지 방식만을 고집할 수 없게 되었다는 뜻이다. 예를 들면 최근에는 여성이 특유의 섬세하고 꼼꼼한 기질로 영업이라는 다소 터프한 업종에서 성공하는 경우가 많이 생기고 있다거나, 차분하고 조용한 성격의 소유자가 외향적이고 활동적인 성격의 소유자보다 오히려 고객을 만나는 일에서 더 좋은 성과를 보여주고 있는 것이 이를 뒷받침한다.

결국 자신의 직무 적성에 맞는 일을 하고 있는지 그렇지 않은지가 개인의 성과를 결정하는 것이고, 그러한 사람을 적재적소에 배치하였는지 그렇지 않은지가 회사의 성과를 결정하여 주는 것이라고 볼 수 있겠다.

셀프 점검표 5

나만의 취업용 정보를 활용하여 가장 자신이 있는 부분부터 순서대로
나열해 보자.

> 인성/적성, 출신학교, 출신학과, 학점, 영어능력, 외국어 점수, 업
> 무관련 경험

적성이 중요한 이유는 무엇인가

인성: 각 개인이 가지는 사고와 태도 및 행동 특성

적성: 어떤 일에 알맞은 성질이나 적응 능력, 또는 그와 같은 소질이나 성격

인성 + 적성: 각 개인이 가지고 있는 성질이나 사고, 특성 등이 그 사람이 지원하는 일에 알맞은 정도

사람은 개인차가 있기 때문에 어떤 집단에서 무엇을 하든지 간에 순위가 매겨지게 된다. 즉, 동일한 지식을 가진 사람에게 동일한 일을 시켜도 그 실적에는 차이가 나게 된다는 뜻인데, 이는 바로 개인별로 가지고 있는 적성이 다르기 때문이다. 그리고 이 적성이라는 것을 바탕으로 개인의 잠재력이나 가능성을 예측할 수 있는 실마리를 얻을 수 있는 것이다.

군대를 다녀온 사람들은 알겠지만 군에서 부르는 소위 '군대 체질'인 사람들이 있다. 군대는 다소 강제성을 띠고 있으면서도 나름대로 빡빡하게 짜인 스케줄에 따라서 움직이는 상당히 독특한 문화를 가지고 있는데, 이런 문화에 아주 잘 적응하면서 생활하는 사람들이 꼭 있다. 예비역이라면 군 시절에 이런 사람 한두 명쯤은 만나 보았을 것으로 생각한다. 어쩌면 본인이 바로 이러한 '군대 체질'일 수도 있고(필자는 딱히 '군대 체질'은 아니었다), 이런 것을 두고 적성에 맞는다고 말하는 것이리라.

최근 한 취업 포털 사이트에서 '다시 대학생으로 돌아간다면 가장 하고 싶은 것은?'이라는 주제로 설문 조사를 진행하였다. 약 1,200여 명의 직장인들 중에서 41% 정도가 다시 대학생으로 돌아간다면 적성과 진로를 신중하게 파악하겠노라고 답변하였다. 덧붙여서 적성을 모르면 입사 후 후회하게 되니까 자신이 잘하는 것이 무엇인지 찾아보는 시간을 가질 것을 대학생들에게 적극적으로 권유하기까지 하였다.

실제로 대학생들은 취업할 때 적성보다 조건을 우선적으로 고려한다. 적성에 맞는 일을 할 수 있는 회사를 선택하겠다는 답변은 상당히 드문 편이다. 일단 지금은 연봉이나 복리후생 등의 조건이 상당히 중요한 것처럼 보일 수 있다. 하지만 취업하고 어느 정도 생활이 안정되기 시작하면 연봉이나 복리후생이 커리어에서 그렇게 큰 부분을 차지하지 않는다는 것을 뒤늦게 깨닫게 될 것이다. 그때쯤 되면 내가 진정으로 해보고 싶었던 일이 어떤 일이었는지 다시 한 번 생각하게 된다. 하지만 이미 시간이 너무 많이 흘러 버려서 결혼도 하고 자식도 있다면 쉽게 지금 하고 있는 일을 떠나지 못하게 될 것이다. 또한 지금까지 투자한 시간과 노력 때문에라도 다른 길로 쉽게 갈 생각을 하지 못한다. 그저 지금의 일을 계속 하면서 후회만을 하고 있을 뿐이다.

신입사원 10명 중 3명이 입사한 지 채 1년도 되지 않아서 퇴사해버리고, 그 3명 중 절반 정도는 또 1년이 되지 않아서 다시 새로운 회사마저 떠나버리는 것이 지금의 실정이다. 자신의 적성은 전혀 고려하지 않은 채 모두가 원하는 대기업 혹은 안정된 공무원이 되기 위하여 자신의 적성마저도 속여 버리는 것이다. 그 결과 현재의 일이 자신의 적성과 맞지 않는다는 것을 뒤늦게 깨닫고 움직인다. 그리고 또 움직인다.

심지어는 일시적으로 원하지 않는 기업에 일단은 취업한 후에 다음 움직임을 준비하기도 한다. 경제적인 어려움을 해결하기 위한 목적이 가장 컸고, 공백기간을 줄이기 위해서 그리고 실업자로 보이기 싫어서라는 의견이 뒤를 잇는다. 물론 본인이 정말로 희망하는 기업에 입사하기 위한 경력을 쌓기 위해서라는 적절한 답변도 있었다.

그런데 이렇게 본인이 원하지 않는 기업에 입사한 경우에 3명 중 1명은 정말 본인이 입사하고픈 회사에 들어갈 때까지 계속해서 구직 활동을 한다고 한다. 심지어는 이러한 입사 후 구직 활동이 본인의 업무에 지장을 준다는 사실도 알고 있지만, 그러한 활동을 멈추지는 않을 것으로 보인다. 이런 식으로 회사 생활을 한다면 신입사원 시기에 필요한 자질이나 배경을 충분히 갖추지 못할 것이라고 취업 전문가들은 입을 모은다. 역으로 생각을 해보면 지원자 자신에게도 결코 좋은 형태의 구직 활동이라고 보기 어렵다. 신입의 위치에서 필요한 자질이나 배경도 갖추지 못하면서 정말로 희망하는 기업에 입사하기 위한 경력을 쌓고 있다고 자신 있게 말할 수 없을 것이기 때문이다.

셀프 점검표 6

나는 어떤 일이 체질에 맞는가? 생각 나는 대로 최대한 많이 작성해
보자.

나만의 적성 찾기

그렇다. 이제 자신의 적성을 찾는 것은 취업에서 필수적인 과정이 되어 버렸다. 그렇다면 우리도 이 적성에 대해서 자세하게 알아야 하겠다. 적성은 과연 무엇일까? 적성을 조금 더 깊게 들여다보면 크게 두 부분으로 나누어 볼 수 있는데, 하나는 적격성이고 다른 하나는 적합성이다.

적격성: 지원자의 학력 배경이나 경험
적합성: 지원자의 지원 분야에 대한 관심, 흥미, 열정

적격성은 우리가 작성하는 이력서나 자기 소개서 그리고 그 이후에 진행을 하는 면접 등을 통하여 객관적인 평가가 가능하지만 적합성은 그렇게 쉽게 찾아지지 않는다. 그 이유는 우리가 앞에서 알아본 것처럼 자신을 전략적으로 포장하고 장식하기 때문이다.

또한 우리는 서류전형을 통하여 적격성을 평가 받은 이후에 진행될 지원 회사의 인/적성 검사를 미리 준비한다. 서적이나 인터넷을 통하여 해당 인/적성 검사를 마치 시험 준비하듯이 공부하여 어떻게 하면 해당 회사의 검사를 무사히 통과할 수 있을지에 초점을 맞추게 된다. 취업이라는 목적을 달성하기 위하여 자신의 인/적성마저도 수학 공식 대입하듯이 그렇게 만들어 가고 있는 것이다. 그렇게 해서 이루어낸 취업은 장기적으로 보았을 때 과연 나에게 도움을 줄 수 있을

 나의 취업 경쟁력을 점검해주는 7가지 'ㅈ' 이야기

것인가?

　그럼, 나의 적성은 어떻게 찾아야만 하는 것일까? 정답은 없을 수 있다. 하지만 모범 답안을 있을 수 있다. 바로 자기 자신을 먼저 고려하는 것이다.

　적성은 보통 기초적인 능력과 성격 그리고 흥미로 구성된다. 한 부분만으로 지원자의 적성을 판단하기는 무리이고, 이 세 가지를 종합하여 지원자의 적성을 파악할 수 있다. 따라서 어떤 일에 적성이 있다 혹은 없다라고 말할 수는 있지만 자신은 어떤 일에도 적성이 없다고 말하는 것은 적성이 없는 것이 아니라 아직 찾지 못했다고 보는 것이 옳겠다.

　대부분의 기업에서 실시하고 있는 인성/적성 검사도 크게 보았을 때 지원자의 능력적인 측면과 성격적인 측면을 검사하게 된다. 이는 기초적인 직무 능력 혹은 직무 적성을 검사하는 것으로 볼 수 있는데, 단순한 지식을 뛰어넘어서 지원자의 잠재적인 능력을 파악해보는 EQ 테스트까지를 포함하게 된다. 따라서 인성과 적성은 단순하게 개인의 성격이라고 볼 수는 없다. 오히려 직무 적성이라는 단어로 대체해 보는 것이 훨씬 더 자연스럽다.

　적성은 유전보다는 환경에 더 많은 영향을 받는다. 기초적인 능력과 성격 그리고 흥미는 가지고 태어나는 것이 아니라 어떤 환경에서 자라오면서 어떤 영향을 받았는지에 따라서 결정되는 것이기 때문이다. 물론 유전적인 영향이 완전히 없다고는 할 수 없지만 후천적인 환경이 더 큰 영향을 주고 있는 것이 사실이다. 따라서 적성은 후천적인 학습을 통하여 충분한 성장 잠재력을 만들어 갈 수 있는 것이다. 여기에서 '성장 잠재력' 이라고 한 이유는 본인이 지원하는 분야에 소질이 있다는 것보다도 잠재적인 능력을 얼마나 발휘할 수 있는지가 적성에서는 더 중요하기 때문이다.

먼저 자신이 하고 싶은 일을 찾아보자. 어릴 적부터 막연하게 되고 싶은 직업이 있을 수도 있고, 청소년 시기 이후에 꿈을 꾸게 되었을 수도 있다. 주위에서 가족이나 지인이 하는 일을 보고 관심을 가지게 될 수도 있다. 그 일이 돈을 잘 버는 일이든 그렇지 않은 일이든 관계가 없다. 아주 순수한 마음으로 돈과는 관계 없이 일 자체만을 생각해 보면 되겠다.

그리고 나서 내가 과연 이 일을 잘할 수 있을지를 생각해 보도록 하자. 내가 평소에 마음에 두고 있던 이 일을 나의 평생 직업으로 삼게 되었을 때 정말로 나의 요구 사항을 충족시킬 수 있는지를 생각해 보는 것이다. 그렇게 하기 위해서는 나의 장점과 단점이 무엇인지를 파악해보는 작업이 필요할 것이다. 그래야만 내가 이 일을 잘할 수 있는 바탕이 되어 있는 사람인지를 확인해 볼 수 있다.

> 내가 잘할 수 있는 일이 있고 ⇒ 내가 잘할 수 있기 때문에 그 일에 의욕을 느끼고 ⇒ 그래서 스스로 만족할 수 있고 ⇒ 원하는 만큼의 성취를 이룰 수 있다.

이것이 바로 자신의 적성에 맞는 일이 되는 것이다.

그런데 내가 되고 싶은 일을 해보지도 않고서 잘할 수 있을지 없을

 나의 취업 경쟁력을 점검해주는 7가지 'ㅈ' 이야기

지를 알 수는 없다. 이것은 바로 앞에서 알아본 학력 배경과 관련 경험을 가지고 판단해 볼 수 있을 것이다. 앞에서 우리가 알아본 취업용 정보는 이만큼 중요한 것이다.

❀ 학력 배경

경우에 따라서는 대학에 입학할 때 전공 적성 검사를 경험해본 사람들도 있겠다. 하지만 그것은 대학을 입학할 때의 문제이고, 이미 여러분들은 대학을 마쳐야 하는 혹은 이미 마친 입장에 서 있다. 그렇다면, 지금까지 공부해 온 것이 나에게 잘 맞는지 여부를 점검해 볼 수 있을 것이다. 내가 정말로 재미있게 공부를 해왔는지 살펴보자는 것이다.

여러 전공과목 중에서 특별하게 관심이 더 가는 과목들이 있을 것이다. 1장의 '자신'에서는 자신이 지원하고자 하는 분야에 맞는, 그쪽에 더 경쟁력이 있을 만한 과목들을 학력 배경에서 챙겨 보았는데 이것이 적성에서는 전혀 다르게 나올 수 있다. 마케팅에 지원하는 입장이기 때문에 관련 과목에 어쩔 수 없이 '조직 행동론, 마케팅 관리, 커뮤니케이션론, 서비스 마케팅, 인터넷 마케팅, 국제 마케팅, 마케팅 사례 연구'와 같은 과목들을 챙겨 넣었지만 사실 지원자는 재무 분야 과목인 '재무 관리, 선물옵션 이론, 재무제표 분석, 회계 감사, 고급 회계' 등에 흥미를 더 많이 느꼈을 수 있다는 뜻이다.

그렇다면, 자신의 적성은 지금 지원하고 있는 마케팅보다는 재무 분야에 적성이 더 맞을 수도 있다는 뜻이 된다. 내가 전략적으로 맞춰 간 부분과 실제 나의 적성은 거리가 있을 수 있다는 뜻이며, 마케팅 분야에서 일해 본 후에 후회하게 될 가능성이 있다는 뜻도 된다.

❀ 관련 경험

하지만 지식적인 면만으로 자신의 적성을 판단하는 것은 위험하다. 단지 이론적인 것에 불과하기 때문이다. 따라서 가능하면 많은 경험을 통하여 자신의 적성을 정확하게 분석해 볼 수 있는 노력을 해야 한다.

인턴십이 가장 좋은 예가 될 것이다. 인턴십을 통하여 본인이 원하는 직종에서 직접 일하면서 혹은 옆에서 보면서 그 일이 자신의 적성이나 능력에 잘 맞는지를 확인할 수 있다. 물론 단순하게 이력서에 한 줄의 내용이라도 더 작성하기 위해서 인턴십을 하는 경우들도 많다는 것을 잘 알고 있다. 그래도 좋다. 하지만 그 경험을 적성이라는 측면으로도 충분히 분석해 볼 수 있을 것이다. 흔히들 졸업하기 전에 하는 인턴십은 도움이 되고 그 이후에 하는 인턴십은 도움이 되지 않는다고 생각하는 경향이 있는데, 아직까지 본인의 적성을 찾지 못한 경우라면 졸업 후의 짧은 인턴십도 도움이 될 거라고 본다.

실례로 대학 졸업반 학생들의 47% 정도는 졸업 전에 인턴십 프로그램에 지원해 본 경험이 있고, 그 중 70% 정도는 희망하는 분야로 진출하기 위한 커리어를 쌓기 위해서 인턴십을 지원하고 있다. 또한 인턴십에 지원할 때에는 희망 커리어와의 연계성을 가장 우선적으로 고려하며, 적성에 맞는 업무인지를 꼼꼼하게 알아보고 있다.

단지 일 자체만이 아니다. 기업들의 서로 다른 분위기나 문화를 익히는 것도 좋은 경험이 될 수 있는데, 그 경험을 바탕으로 자신이 지원하고자 하는 회사의 분위기나 문화를 분석하여 미리 짐작해 볼 수 있기 때문이다. 기업들은 자신들과 잘 맞을 수 있는 사람들을 선택하기 위해서 인성이나 적성을 본다고 했다. 따라서 일과 함께 회사 자체에도 적성이 맞을지를 판단해 볼 수 있을 것이다.

예를 들어서 A라는 기업의 경우에는 지식과 경험적인 면을 골고루 갖춘 엘리트형 인재를 선호한다. 하지만 B라는 기업은 지식과 경험보다는 보다 인간적인 정을 바탕으로 끈기가 있는 인재를 선호한다. 이러한 인재 선호 기준은 물론 기업의 인재상에 바탕을 두고 있을 것이다. 그러한 인재상은 기업의 문화에까지도 영향을 미친다. 따라서 A라는 기업에서 인턴십을 경험해 보았고, 그 기업의 문화가 자신과 잘 맞는다는 생각이 든다면 B라는 기업보다는 A와 비슷한 인재상이나 기업 문화를 가지고 있는 기업에 본인의 적성이 더 잘 맞을 수 있다는 뜻이다.

하지만 관련 경험이 없다고 지금 시점에서 다시 또 무엇을 경험해 보라고 하는 것은 무리가 있을 수 있다. 이럴 때에는 학력 배경을 제외한 다른 모든 분야에서 여러분들이 경험했던 일을 바탕으로 적성을 판단해 볼 수 있다. 1장의 ‘자신’에서 취업용 정보를 챙길 때 이 부분을 간략하게 다루었다.

어학연수를 통해서 본인이 외국인과 생활하거나 다른 나라의 문화를 받아들이는 것을 즐겼다고 생각하면 외국계 회사에 도전해 보거나 해외 영업 등의 업무에 지원해 볼 수도 있겠다. 동아리 활동을 통해서 리더십을 발휘해본 경험이 있고, 이것이 자신과 잘 맞는다고 생각한다면 리더십이 필요한 컨설팅 분야 쪽도 생각해 볼 수 있다. 앞에 나서는 것보다 뒤에서 남들에게 도움을 주는 봉사 활동에 관심과 흥미가 있다면, 업무 보조를 하는 직종이나 서비스 업종에 도전해 봄직하다.

한 가지 중요한 것은 너무 한 분야에만 몰입하지 말라는 것이다. 처음 취업을 하는 입장이기 때문에 모든 부분에 가능성을 열어두고 가능하면 많은 경험으로부터 적성을 찾을 수 있도록 해보자. 앞에서 알아본 것처럼 조용한 성격이 영업에 잘 맞을지, 활발한 성격이 일반적인 사무 업무에 잘 맞을지는 확신할 수 없다. 스스로에게 한계를 두지 말자.

공대 출신이라고 해서 반드시 엔지니어가 되라는 법은 없다. 일반적으로 한 기업의 연구 개발부서와 같은 경우에 약 90% 정도가 이공계 출신으로 이루어져 있다고 앞에서 말했지만, 자신이 나머지 10% 안에 포함이 될 가능성도 있는 거니까. 마찬가지로 상경계나 인문계 출신은 꼭 사무 업무 쪽에만 지원해야 하는 것은 아니다. 그렇게 움직이는 것이 일반화된 방법이기는 했지만 일반화라는 것은 절대적이라는 뜻은 결코 아니다.

최근에는 기업의 경영 환경에서 그 경계들이 무너지고 있다. 오히려 매번 비슷한 전공자만 뽑아온 기업들은 새로운 사고와 접근을 시도할 수 있는 타전공자를 원하기도 한다. 이것은 사실이다. 우리가 상당히 고리타분하다고 생각할지 모르는 법률관련 사무업무를 뽑는 채용 공고를 보면 광고나 마케팅 전공자에게 필요로 하는 창의력이나 개방적인 사고를 갖춘 사람을 원하기도 한다. 각 부서 나름대로 새로운 피를 필요로 하고 있는 것이다.

　물론 자신의 성격이나 흥미, 관심이 없다면 지원해볼 필요는 없겠
다. 하지만 자신이 생각했을 때 단 1% 정도라도 성격이 맞거나 흥미
와 관심이 있다면 주저 없이 도전해 보기 바란다. 새로운 가능성을 열
어볼 수 있을 것이다.

셀프 점검표 7

나의 적성을 찾아보자.

1. 내가 하고 싶은 일: 어릴 적부터 되고 싶었던 직업을 작성해 보자.

2. 나의 장점과 단점: 지금까지 어떤 일에 장점과 단점이 있었는지 생
　각해 보자.

3. 학력 배경: 대학 시절에 주로 어떤 과목을 즐겨 왔는지 알아보자.

4. 관련 경험: 인턴십 등의 경험이 있다면 그 일을 즐겼는지, 그 회사와
   궁합이 맞았는지 되돌아보자.

5. 기타: 관련 경험이 없다면 다른 내용을 바탕으로 자신의 적성을 파
   악해 보자.

그 동안의 서류 전형이나 면접의 결과를 분석하라

스스로 나의 적성을 잘 분석하지 못하겠다면 이미 작성해서 제출한 이력서와 자기 소개서 그리고 진행했던 면접을 꼼꼼하게 분석하는 것도 도움이 될 수 있다.

일반적으로 이력서와 자기 소개서를 검토하는 서류 전형에서 합격했다는 뜻은 글로 전달한 메시지를 통하여 인사 담당자가 지원자의 가능성과 잠재력을 보았다는 뜻이 된다. 물론 서류 전형의 빡빡함이 예전 같지는 않고 그만큼의 빡빡함이 면접으로 옮겨졌다고는 하지만 영 가능성이나 잠재력이 보이지 않는 사람을 서류 전형에서 합격시키지는 않는다.

간혹 우리가 이력서와 자기 소개서를 제출하다 보면 예상치 않았던 직종이나 회사에서 합격 통보를 받는 경우들이 있다. 정말로 일하고 싶은 A라는 회사의 채용 공고를 접했다. 그런데 다음날 다른 회사의 면접을 준비하는 데도 시간이 부족하여 어쩔 수 없이 빠듯하게 이력서를 제출했다. 그런데 덜컥 붙어버렸다. 나와 잘 맞지는 않아 보이는 회사 혹은 직종이었지만 경험 삼아서 그냥 한번 이력서를 제출해봤다. 지원하는 것이 자체가 무리라고 생각하고 기대도 하지 않았는데, 서류 전형에서 덜컥 붙어버렸다.

이것은 지원 회사의 인사 담당자가 지원자가 작성한 문서 안에서 그만큼의 가능성과 잠재력을 찾아냈다는 뜻이다. 물론 스스로는 그것을 찾지 못하였을 수 있다. 하지만 엄청나게 많은 지원자들을 만나오고 그들의 서류를 검토하고 있는 인사 담당자의 날카로운 분석으로 여러분의 가능성과 잠재력이 발견된 것이다. 하지만 이렇게 합격한 경우 십중팔구 면접에서 탈락하고 만다. 본인 스스로 적성을 모르기 때문이다. 당연하다.

전략적으로 나에게 맞춰서 이력서와 자기 소개서를 제출하여 합격을 하고 면접의 기회를 갖게 되었다. 그렇다면 면접에서 본인에게 날아드는 질문에 초점을 맞출 필요가 있다. 일단 서류를 통하여 적격성은 합격이 된 것이니까, 면접에서는 지원자의 적합성 여부를 판단하기 위한 질문들을 받게 될 것이다. 서류에서 아무리 적격성을 맞춰 갔다고 하더라도 면접에서 적합성이 부족하다는 판정을 받게 되면 당연히 탈락하고 만다. 이는 내가 억지로 억지로 전략이라는 이름 하에 적격성을 맞춰 가기는 했지만 적합성이 부족하여 결과적으로 적성이 맞지 않을 수도 있다는 뜻이 된다.

내가 적성이 있다고 생각해서 그만큼의 지식과 경험을 챙겨 놓았고 그것을 바탕으로 줄기차게 도전했던 재무 분야에서 계속 탈락을 하고 만다면, 엄청나게 많은 지원자의 적격성과 적합성을 판단하는 인사 담당자의 눈을 만족시키기 못한다면, 나는 이 재무라는 분야에는 적성이 없는 사람인지도 모른다. 반면에 경험 삼아서 이력서를 제출한 영업이라는 분야에서 계속해서 서류 전형 합격 판정을 받게 된다면, 내가 전혀 생각해 보지도 않았고 관심도 없었던 영업이라는 분야에 적성이 있는 사람인지도 모른다는 뜻이다.

이런 식으로 사람의 적격성과 적합성을 아주 전문적으로 판단하는 사람들의 평가를 역으로 활용해 볼 수 있다. 그리고 그것을 스스로 알아본 나의 적성과 비교하는 과정을 거쳐서 나의 진정한 적성을 발견

  나의 취업 경쟁력을 점검해주는 7가지 'ㅈ' 이야기

해 낼 수 있을 것이다.

셀프 점검표 8

나의 적성을 찾아보자.

1. 그 동안의 서류 전형 결과를 분석해 보자. 희망 직무에 도전했던 결과는 어땠는가?

2. 예상 밖에 서류 전형이나 면접에서 합격한 경우를 생각해 보자.

3. 내가 스스로 분석한 적성과 인사 담당자/면접관이 분석한 적성이 맞아 떨어지는 부분이 있는가?

주위의 도움을 받아라

대학생 3명 중에 1명은 취업 멘토가 있다고 한다. 취업 멘토는 이른바 취업에 대해서 1대 1로 상담해 줄 수 있는 사람을 말하는데, 신입 지원자들이 자신들의 취업을 위해서 얼마나 많은 노력을 하고 있는지를 잘 보여주는 사례이다.

취업 멘토는 자신이 지원을 희망하는 업종의 종사자나 학교 선배, 전문 컨설턴트, 가족, 대학교 취업 지원 센터 순으로 많았다. 그들로부터 대학생들은 채용에 대한 정보를 가장 많이 얻고 있으며, 그 다음으로 적성과 진로에 대한 궁금증을 해결하고 있다. 기타 의견으로는 목표 설정, 정신적 상담, 취업 노하우 등이 뒤를 이었다.

물론 자신의 힘으로 적성을 발견하는 사람들도 많다. 그렇게 하는 것이 가장 좋기 때문에 우리가 지금까지 적성에 대해서 알아본 것이다. 하지만 앞에서도 설명한 것처럼 기업에서도 다양한 배경을 가진 사람을 원하고 있기 때문에 예전에는 맞지 않을 것만 같았던 일도 자신의 적성에 맞을 수 있다. 이렇게 취업 멘토로부터 적극적으로 도움을 받는 한편 본인 스스로 자신을 분석하는 일을 꾸준히 해나가면 되겠다.

각 취업 포털 사이트나 노동부에서 운영하는 고용 정보 시스템 사이트 등에서 본인의 적성을 직접 알아볼 수 있는 검사를 제공하고 있다. 성격을 분석해 보는 MBTI 성격 유형 검사에서부터 인성 검사, 직무 적성 검사 등 실로 다양한 검사들을 구직자들에게 제공한다.

전문가들이 구분하는 직무 적성의 영역은 크게 10가지로 나뉘게

 나의 취업 경쟁력을 점검해주는 7가지 'ㅈ' 이야기

되는데 언어, 수리 · 논리, 공간 · 시각, 대인, 자기 성찰 능력, 자연 친화, 음악, 신체 · 운동, 손 재능, 창의력이 그것이다. 말과 글로 자신의 생각을 전달하는 능력, 숫자를 바탕으로 문제를 해결하는 능력, 다른 사람들과 함께 어울리면서 일할 수 있는 능력, 세밀한 것을 손으로 잘 다룰 수 있는 능력 등 자신에게 잘 어울릴 만한 직무 적성을 찾을 수 있다. 또한 한국 고용직업 분류나 한국 표준산업 분류 등의 정보를 활용하면 실로 다양한 직업들을 확인할 수 있으며, 본인의 적성으로 도전해 봄직한 직업을 찾아볼 수 있다. 이 부분은 여러분들이 직접 경험해볼 것을 아주 적극적으로 권유하는 바이기 때문에 필자가 따로 구체적인 내용을 정리하지 않겠다.

더 나아가서 실제로 이러한 직무 적성을 가지고 있는 사람들이 어떤 일을 업으로 삼고 있는지도 알아볼 수 있다. 나와 비슷한 성격이나 관심, 지식, 경험 등을 갖추고 있는 사람들이 현재 어떤 커리어를 가지고 있는지도 확인할 수 있다. 적성이 영 맞지 않을 것처럼 보이는 일인데, 그 일을 아주 많이 즐기는 사람들도 만나볼 수 있다. 실제로 그들의 이야기를 들어볼 수 있고, 어떤 장점이 그 일에 도움이 되는지도 물어볼 수 있다.

스스로 생각해 온 적성과 결과가 일치하는지 여부를 확인해 볼 수 있으며, 경우에 따라서는 진짜 자신의 적성에 맞는 일자리를 새롭게 발견할 수도 있다.

나의 적성을 찾아보자.

1. 취업 멘토가 있는가? 없다면 취업 멘토를 만든 이후에 다음 과정을
   진행하자.

2. 취업 멘토를 통하여 얻고 싶은 정보는 어떤 것들이 있는지 정리해
   보자.

3. 직무 적성 검사를 시행해 본 적이 있는가? 있다면 어떤 일에 적성이
   있는가?

4. 직무 적성 검사의 결과와 내가 스스로 알아본 적성의 결과가 일치
   하는가?

5. 결과가 일치하지 않는다면 어떤 부분에 문제가 있는지 분석해
   보자.

3 자격

충분한 자격을 갖추었는가?

가장 기본적인 자격 요건을 분석하라

공통점 찾기

자격을 갖추지 못했다면

3 자격(Requirement)

충분한 자격을 갖추었는가?

자격은 일정한 신분이나 지위를 가지거나 일정한 일을 하는 데 필요한 조건이나 능력을 말한다. 자격은 흔히 자질이라는 말로도 대체될 수 있지만, 이 자질이라는 단어가 앞에서 설명한 적성이라는 단어와 분리하여 설명하기가 조금 애매한 부분도 있고, 실제로 지원 회사에서 제공하는 채용 공고를 보면 자질이라는 단어보다는 자격이라는 단어를 더 많이 사용하는바, 자격이라는 제목으로 내용을 풀어보도록 하겠다. 자격과 자질은 모두 qualification이라는 영어 단어로 활용이 가능하지만 채용 공고에서 나오는 자격 요건은 qualification 보다는 job requirement라는 단어로 사용되고 있다.

취업을 할 때 우리는 흔히 자신이 지원하는 일을 할 수 있을 정도의 자격을 갖추어야 한다고 이야기한다. 일정한 일을 하는 데 필요한 조

 나의 취업 경쟁력을 점검해주는 7가지 'ㅈ' 이야기

건이나 능력. 아직 신입의 입장에서 이러한 것들을 다 갖춘다는 것은 쉽지 않아 보인다. 그리고 그러한 조건이나 능력이 있다는 것을 판단하는 것조차 버겁다. 그 중에서 그나마 가장 뛰어난 조건이나 능력을 갖춘 사람, 아니면 배경을 통해서 자격이 있다고 보여지는 그러니까 가능성과 잠재력이 있는 사람이 최종적으로 선택이 되는 것이리라.

지금 이 책을 읽고 있는 여러분들은 스스로가 희망하는 일을 하기에 충분한 자격을 갖추었다고 생각하는지 묻고 싶다. 일을 안 해봐서 모르겠다면, 그 일을 하기에 충분한 가능성과 잠재력을 통하여 자격이 있는 사람처럼 보여지고 있는지 어떤지 궁금하다.

앞선 두 개의 장에서 우리는 자신에 대한 정보를 정리하여 취업용으로 만들어 보았고, 희망하는 분야에 대한 적성이 얼마나 중요한지도 알아보았다. 취업용 정보에는 학력 배경과 관련 경험이 포함되어 있고, 적성에는 적격성과 적합성이 포함되어 있다. 이 모든 것이 결합되어 바로 여러분들의 자격을 만들게 된다.

셀프 점검표 10

나는 지원하고자 하는 분야에 충분한 자격이 있다고 생각하는가? 아직 구체적인 사항들을 알아보지 않았으니까, 지금까지 점검한 것을 바탕으로 한번 답변해 보자.

가장 기본적인 자격 요건을 분석하라

자, 그러면 여러분들은 자신의 자격을 어떻게 판단하고 있는지 살펴보자. 우리는 보통 스펙이라는 이름 하에 자신의 기본적인 자격 요건을 판단해보고 있는 것으로 보인다. Specification의 줄임말인 Spec(스펙)은 직장을 구하는 사람들 사이에서 학력, 학점, 토익 점수 따위를 합한 것을 이르는 말로 취업 시장에서 활용되고 있다. 그리고 이 스펙이 지원자의 채용 여부에 결정적인 역할을 하고 있다고 굳게 믿고 있다.

그런데 지원자의 입장에서 본 스펙과 기업의 인사 담당자가 생각하고 있는 스펙에는 다소 차이가 있는 것으로 보인다. 구직자들은 본인들의 스펙 중에서 출신 학교와 토익 점수, 자격증이 가장 큰 영향을 미치고 있다고 생각하는 반면에 기업의 인사 담당자들은 중요도를 전공과 자격증, 출신학교 순으로 놓고 있다.

이렇게 우리는 기본적으로 우리가 지원하는 회사에서 스펙의 어떤 부분에 중점을 두고 있는지조차도 제대로 파악하지 못하고 있다. 이런 식으로 우리가 자격이 있다는 것을 어떻게 알아볼 수 있겠는가?

스펙의 정의에서도 찾아볼 수 있듯이 이것은 취업에서 지극히 객관적으로 작용하는 정보일 뿐이다. 앞에서 알아본 자신에 대한 정보가 아마 이 스펙을 포장한 정도의 느낌이 될 것이다. 하지만 서류 전형과 면접, 인/적성 검사 등을 통하여 기업은 지원자의 됨됨이와 생각, 관심 등도 모두 함께 알아보게 된다. 그만큼 갖추어야 하는 자격이 많은 것이다.

이에 필자는 여러분들을 위하여 여러 직종의 자격 요건들을 정리해 보았다.

광고, 홍보

창의력, 협상력, 추진력, 분석력.

대인관계 능력, 사교성.

강한 기획력, 조직 적응력.

우선순위에 따른 업무추진 능력.

프레젠테이션 능력 우수자.

적극적이고 진취적인 사고의 소유자.

긍정적, 열정적인 성격의 소유자.

대화기술이 뛰어나고 많은 사람들을 상대해 본 경험이 있는 자.

문장력, 설득력, 단정한 외모.

마케팅

분석력이 뛰어난 자.

프레젠테이션 능력이 뛰어난 자.

책임감이 강하며 팀워크에 적합한 소양을 갖춘 자.

뛰어난 의사소통 능력 (쓰기/말하기).

자발적으로 업무에 참여할 수 있는 자.

독립적 업무 수행 가능자.

적극적이고 창의적이며 리더십이 뛰어난 자.

물건을 판매해 본 경험.

공모전 경험.

영업

탁월한 제안서 작성.

프레젠테이션 능력의 소유자.

협상 능력, 공격적 영업 방식.

팀워크, 리더십, 의사소통 뛰어난 자.

영업에서 꼭 성공하겠다는 강인하고 적극적인 의지의 소유자.

강한 책임감을 바탕으로 열정적이고 적극적인 성향.

제조, 생산, 품질 관리

강한 책임감.

업무진행 능력에 있어 치밀하며 밝고 긍정적인 성격으로

팀워크를 중시하는 팀 정신의 소유자.

기술적 면에서의 기본 지식과 능력이 탁월하며

서비스 마인드를 소유한 자.

독립적 업무 수행 가능자.

매니저의 구체적인 언급이 없이도 의사를 결정하고

수행할 수 있는 능력.

창의력, 끈기, 시간관리 능력.

수출 품목인 경우 일정 수준의 영어능력 요구.

교육, 연구, 개발

뛰어난 조직능력, 대인관계 능력 및 의사소통 능력.

꼼꼼함.

분석력과 서비스 마인드.

전공을 통한 관련 지식 배경.

무역, 유통

뛰어난 분석력 및 판단력.

대인 관계에 능하며, 세밀한 사항을 관리할 수 있는 능력.

서비스 마인드 투철한 자.

리더십과 프레젠테이션 능력.

법률

창의성 및 서비스 정신.

즐겁게 일할 수 있는 자.

숫자에 대한 적성 및 능력.

꼼꼼함.

인사, 인재개발

성품이 원만한 자.

의사소통 능력: 듣기, 설득, 발표, 협상 능력.

분석력 및 기획력.

용모 단정하고 성실한 자.

비서, 경리, 회계, 재무, 총무

신뢰성을 바탕으로 성실한 자.

팀워크, 책임감 뛰어난 자.

일정 수준 이상의 외국어 실력.

회계나 재무 관련 자격증 취득.

워드프로세서 등 컴퓨터 활용 능력을 보여주는 각종 자격증.

조직 적응력.

컨설팅

프레젠테이션 능력 우수자.

기획력과 정리 능력 우수자.

데이터 분석 능력.

뛰어난 대인 관계와 리더십을 보유한 팀 플레이어.

자발적이고 의욕 넘치는 자.

팀워크, 적극성, 조직력

공동 업무 추진력.

증권, 투자

다중업무 처리능력.

압박을 잘 견디고 마감시간 안에 일할 수 있는 자.

분석 능력이 있고 숫자 계산에 강한 자.

재무와 회계에 대한 전체적인 이해가 가능한 자.

꼼꼼함과 단정한 외모.

각종 동아리 활동 활용 가능.

건축, 설계

팀 활동에 잘 참여하는 사람.

뛰어난 의사소통 능력과 대인관계 능력.

시간 안에 일을 마감할 수 있는 사람.

정밀하고 빠른 업무에 대한 적응과 이해.

관련 자격증 취득.

지방 근무 가능자.

일정 수준 이상의 전공 지식 필요.

협동심이 뛰어난 자.

관련 아르바이트 경험 유리.

해외영업

개척능력이 뛰어난 자.

용모가 단정하고 친화력이 뛰어난 자.

> 해외 바이어 관리 능력과 팀 관리 능력 우수한 자.
> 리더십과 영업 마인드 우수한 자.
> 진취적이고 적극적인 성격의 소유자.

IT, 정보통신

> 급변하는 정보통신 시장에 대비해 자격증 가운데서도
> 국제적으로 인정받을 수 있는 전문분야 자격증을 취득.
> 컴퓨터활용 능력 인증 자격증.
> 대학교 관련 학과 졸업.
> 프로젝트 관리 경험자 선호.
> 조직원들과 원활한 의사소통 가능한 자.
> 실험정신.
> 관련 취미를 가진 자.
> 관련 아르바이트 경험 유리.

디자인

> 아르바이트, 인턴십 등 관련 경험.
> 공모전 참여를 통해 자신의 포트폴리오 준비.
> 국제적으로 인정받는 자격증을 취득.
> 유학을 통해 국제적인 감각을 익히는 것이 유리.

 나의 취업 경쟁력을 점검해주는 7가지 'ㅈ' 이야기

서비스

서비스 업종의 인턴십, 아르바이트 유경험자.

컴퓨터활용 능력.

서비스 마인드 보유자.

유연성과 적응력이 빠르고 업무에 대한 책임감이 강한 자.

기본적인 영어회화 및 작문 가능자.

단정한 외모, 차분하고 꼼꼼한 성격.

긍정적인 사고의 소유자.

봉사활동 유경험자.

친절하고 유머가 있으며 강인한 체력을 가진 자.

물론 필자가 위에서 여러분들이 지원하고자 하는 모든 직종의 내용을 다루지는 않았다. 또한 위에서 다룬 내용들이 절대적이라고도 말하지 않겠다. 사실 이 부분은 여러분들이 직접 분석해 보아야 하는 부분이다. 직접 분석하는 과정에서 스스로에 대해서 더 잘 알아볼 기회를 가질 수 있고, 필자가 정리하지 못한 훨씬 더 소중한 정보들을 얻어낼 수 있을 것이다.

이와 같이 여러분들이 자격 요건들을 반드시 분석해야만 하는 이유는 이것들이 여러분들이 일하고자 하는 분야에서 가장 기본적으로 원하는 내용들이기 때문이다. 그야말로 아주 아주 basic한 사항들인데, 이 정도의 내용도 모르고서 내가 지원하는 일에 적성과 관심이 있다고 말하는 것은 문제가 있다고 본다. 필자가 위에서 정리한 내용들에는 채용 공고에 단골로 등장하는 내용들도 포함이 되어 있는데, 채용 공고는 다음 장인 '전략'에서 조금 더 상세하게 알아볼 것이기 때문에 여기에서는 일반적인 정보로만 취급하도록 하겠다.

셀프 점검표 11

내가 지원하는 분야에서 원하는 가장 기본적인 자격 요건은 무엇인가? 위에서 정리된 내용 이외의 것들을 나름대로 찾아보도록 하자.

 나의 취업 경쟁력을 점검해주는 7가지 'ㅈ' 이야기

공통점 찾기

해외영업에 지원하는 사람 있으면 손 들어보자. 스스로 개척 능력과 친화력이 뛰어나고, 리더십을 갖춘 적극적인 성격의 소유자라고 생각을 하는가? 서비스 업종에서 다양한 아르바이트를 해봤고, 친절하며 꼼꼼한 성격을 갖추고 있기 때문에 서비스직에 지원하고 있는 것인가? 내가 분석한 취업용 정보와 적성이 지금 지원하는 분야와 맞아 떨어지는가? 지원회사가 생각하고 있는 것이 내가 생각하고 있는 자격과 동일하냐는 말이다. 아니, 동일하지는 않아도 얼추 비슷한 내용으로 맞출 부분을 찾아낼 수 있냐는 뜻이 되겠다.

그러면 본격적으로 공통점을 찾아보는 작업을 해보자. 대충 보아서 자격이 있다는 생각이 들 수도 있겠지만, 실제로 꼼꼼하게 분석해 보면 취업용 정보와 적성을 통합한 것을 바탕으로 스스로에게 자격을 부여할 수 있는지 여부를 알 수 있을 것이다.

1장인 '자신'에서 알아본 취업용 정보에서 다음의 내용을 다시 불러 보았다. 아래 내용은 사실 내세울 수 있는 관련 경험이 없는 경우라서 다른 활동 부분으로 대체를 한 이후에 지원하는 분야에 맞도록 장식을 한 내용이었다. 필자가 일부러 이 내용을 다시 불러온 이유는 관련 경험을 대체한 내용으로도 충분히 자격을 맞춰갈 수 있다는 것을 증명하기 위해서이다.

도덕의 중요성에 가치를 두시는 저의 어머니 덕분에, 저는 다른 사람들의 행복에 마음을 쓰고 어려운 사람들을 도우면서 어린 시절을 보냈습니다. 그래서 저는 대학에 입학한 후에 바로 교내 봉사 활동 동아리에 가입하였습니다. 몸이 불편한 어린이들을 목욕시키고 먹이면서, 저는 도움이 필요한 사람들과 함께 사는 것은 우리의 책임들 중 하나라는 교훈을 얻었습니다. 은퇴 후에는 세계 모든 곳에 도움이 필요한 사람들을 돕기 위한 목표를 정하기까지 하였습니다. 게다가 여러 마케팅 관련 공모전에 참여함으로써 새로운 트렌드를 알아내는 감각과 마케팅 전략들을 세우는 능력을 길렀습니다.

위 지원자는 마케팅에 지원을 원하고 있다. 아래 내용은 우리가 방금 알아본 마케팅에서 원하는 가장 기본적인 자격 요건이다. 그럼, 두 내용을 차근차근 검토하면서 공통점을 찾아보도록 하자.

마케팅

분석력이 뛰어난 자.
프레젠테이션 능력이 뛰어난 자.
책임감이 강하며 팀워크에 적합한 소양을 갖춘 자.
뛰어난 의사소통 능력 (쓰기/말하기).
자발적으로 업무에 참여할 수 있는 자.
독립적 업무 수행 가능자.
적극적이고 창의적이며 리더십이 뛰어난 자.

물건을 판매해 본 경험.

공모전 경험.

필자는 지원자의 취업용 정보와 지원분야의 자격을 비교하여 다음과 같은 공통점을 발견할 수 있었다.

지원 분야의 자격 요건	지원자의 취업용 정보
분석력	새로운 트렌드를 알아내는 감각과 마케팅 전략들을 세우는 능력
책임감, 팀워크	다른 사람들의 행복에 마음을 쓰고 어려운 사람들을 도우면서 보낸 어린 시절+ 교내 봉사 활동 동아리
의사소통 능력	
적극적	
공모전 경험	여러 마케팅 관련 공모전에 참여함

물론 100% 맞아 떨어지는 부분도 있고, 그렇지 않은 부분도 있다. 하지만 이 자격 요건은 가장 기본적인 사항이고, 지원자의 경쟁력 역시 많은 detail이 포함된 부분은 아니기 때문에 얼추 비슷하게 맞춰갈 수 있는 부분만 찾아져도 성공적이라고 볼 수 있다.

새로운 트렌드를 알아내는 감각과 마케팅 전략들을 세우는 능력은 마케팅에서 아주 중요한 부분이며 이를 분석력에 맞춰볼 수 있다. 마찬가지로 이타주의적인 성격과 활발한 교내 동아리 활동을 바탕으로 마케팅에서 필요로 하는 팀워크나 의사소통 능력 등을 갖추었다고 볼 수 있다. 공모전 경험은 말할 필요도 없겠다.

　이렇게 생각보다 심플한 작업을 거쳐서 본인이 자격을 갖추고 있는지 알아볼 수 있다. 본인 스스로 자격이 있다고 판단된다면, 그 자격에 맞춰서 자연스럽게 이력서와 자기 소개서를 작성하고, 그것을 면접에서 활용하면 된다. 이런 경우라면 상당히 행복한 지원자에 속하게 되는 것이다. 그만큼 자랑을 할 수 있는 부분이 많다는 뜻이며, 그만큼 열심히 공부하고 활동하고 경험했다는 뜻이 된다. 이 시점에서는 스스로를 한 번쯤 칭찬해 주어도 좋다.

셀프 점검표 12

내가 지원하는 분야의 자격과 나의 취업용 정보를 바탕으로 공통점을 찾아보자.

자격을 갖추지 못했다면

본인이 지원하는 분야의 자격 요건과 본인의 취업용 정보를 비교하여 보았지만 공통점을 찾기가 쉽지 않은 경우도 있다. 본인 스스로 판단해 본 것도 그렇고 다른 사람들이(2장 '적성'에서 알아본 인사 담당자나 취업 멘토를 포함) 검토해 본 것도 그렇고 본인이 갖춘 학력 배경이나 관련 경험, 그리고 기타 다른 활동 중에서 이렇다 할 공통점을 찾아내지 못할 수 있다. 종합해보면 본인이 일하고자 하는 분야에서 가장 기본적으로 필요로 하는 자격들조차도 갖추지 못하고 있다는 뜻이 된다. 이런 경우에는 본인이 희망하는 분야에 대한 자격을 갖추지 못했다고 볼 수 있다. 필자의 말뜻을 오해하지 말기 바란다. 모든 분야에 대한 자격을 갖추지 못했다는 뜻이 아니라 자신이 희망하는 분야에 대한 자격을 갖추지 못했다는 뜻이니까.

자격이 조금 부족한 경우에는 장식으로 충분히 접근이 가능하고, 인사 담당자도 그러한 상황을 최대한 이해할 수 있다. 이 부분은 다음 장인 '전략'에서 보다 세부적으로 알아볼 것이다. 하지만 기본적인 자격조차 모자란 경우에는 억지스러운 느낌으로 접근하는 것처럼 보여질 수 있기 때문에 무조건적인 전략이 먹히지 않을 가능성이 높다.

일할 능력은 있지만 특별하게 구직활동을 하고 있지 않은 이른바 자발적 실업자가 163만 명에 이르고, 취업 준비생만 60만 명 대를 넘어섰다. 기업의 고용 사정이 좋지 않아지면서 우리 경제가 구조적인 침체기에 빠져 있기 때문에 이러한 일이 발생하고 있는 것이다.

하지만 그 이면에는 취업을 준비하는 여러분들의 문제점을 지적하는 시선도 존재한다는 사실을 알아야 한다. 상당수의 취업 준비생들이 하향취업을 하기보다는 시간이 걸리더라도 대기업에 들어가기 위해서 실업 상태를 계속 유지하고 있기 때문이다. 너도나도 양질의 일자리를 원하고 있지만 이와 반대로 매출액 상위 기업들은 오히려 신규 채용의 폭을 줄여가고 있는 실정이다. 즉, 지나치게 높은 눈으로 인하여 스스로들 이러한 문제를 발생시키고 있다는 뜻이다. 그러면서 실제 취업자들이 받게 되는 임금과 신입 지원자들이 희망하는 임금의 차이가 점점 벌어지고 있다는 것을 증거로 내세웠다.

무작정 도전하기보다는 내 자격으로 할 수 있는 일을 찾아보는 눈을 가질 것을 조심스럽게 권하고 싶다. 어쩌면 본인들의 눈높이를 조금 더 낮춰 보는 것도 좋은 방법이 될 수도 있다. 내가 지금 갖춘 자격으로 눈을 조금 낮추게 되면, 그 상황에서는 충분한 자격을 갖추게 될 수 있다. 다른 길을 찾아보게 되면 나에게, 즉 나의 자격에 더 잘 맞는 일들이 보이게 될 것이다.

무작정 포기를 하라는 뜻은 절대로 아니다. 지원 분야에서 원하는 내용을 분석하고, 나의 자격을 검토하여 맞춰본 후에 일단은 도전해 보기 바란다. 도전을 하여 결과가 반반으로 나오면, 일정 부분은 자격을 갖춘 것이겠고, 전략적으로 맞추어 가면 된다. 하지만 결과가 계속해서 좋지 않다면, 자격을 갖추지 못한 것일 수 있다. 그렇다면 눈의 방향을 다른 곳으로 조금 틀어 보라는 뜻이다.

충분한 자격을 갖추었음에도 불구하고 이를 원활하게 전달하지 못하는 경우들이 생길 수도 있다. 그렇게 된다면 본인이 지원하고자 하는 분야에 충분한 자격을 갖추었음에도 불구하고 스스로는 자격이

 나의 취업 경쟁력을 점검해주는 7가지 'ㅈ' 이야기

부족한 사람이라고 오해할 수도 있다. 이런 문제로 인하여 다른 곳으로 눈을 돌리게 된다면, 새롭게 눈을 돌린 곳에서도 충분한 자격을 찾는 것이 쉽지 않을 것이다. 정작 본인의 자격은 다른 곳에 있었으니까. 이런 이유로 인하여 지원 분야에서 원하는 기본적인 자격을 꼼꼼하게 챙겨 보라는 것이다.

셀프 점검표 13

공통점을 찾았는가? (셀프 점검표 12의 결과를 활용) 혹시 나의 취업용 정보가 다른 분야에 더 어울리는 자격은 아닌지 점검해 보자.

4 전략

Strategy

4 전략(Strategy)

퍼즐의 조각을 맞춘다는 기분으로

자격을 갖추었든 그렇지 못하였든 우리가 작성하게 될 이력서나 자기 소개서는 전략적으로 작성되어야 하고, 면접 역시 전략적으로 맞추어 가야 한다. 이 말에 이의를 제기할 수 있는 사람은 아마도 없을 것이다. 왜냐하면 지금 여러분들의 이력서나 자기 소개서가 이렇게 작성되지 않았으니까.

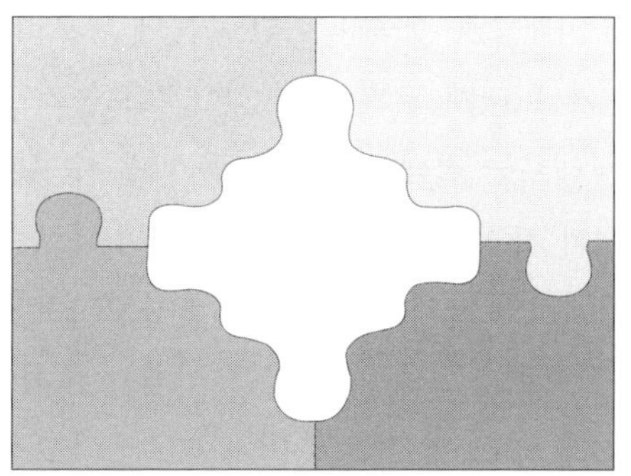

자, 위 그림을 보자. 퍼즐이 하나 있는데, 그 중간에 + 비슷하게 생긴 조각이 하나 비어 있다. 이 퍼즐은 여러분들이 지원하고자 하는 회사 혹은 직종이다. 이 퍼즐은 이 빈 조각을 맞춰야만 완성할 수 있다. 지원 회사는 여러분들에게서 바로 이 퍼즐의 빈 조각에 맞을 만한 자격을 필요로 하고 있다.

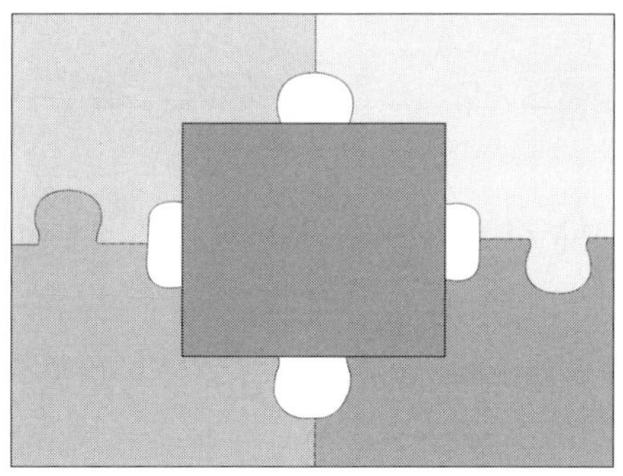

그런데 여러분들이 맞춰 넣으려고 하는 조각은 위 그림처럼 □ 모

양이다. 이 상태 이대로를 계속해서 빈 부분에 넣으려고 시도를 하고 있는 것이다. 이게 도대체 맞춰질 수 있다고 보는가? 백날 시도해도 이 □ 모양 이 상태로는 절대로 빈 공간을 메울 수 없다. 여러분들이 작성하는 이력서와 자기 소개서, 그리고 면접이 바로 이 □ 모양이다. 100장 이상의 이력서와 자기 소개서를 제출하고, 10번 이상의 면접을 봤는데도 계속 탈락했다고 하는 사람을 이제는 주위에서 흔하게 만나볼 수 있다. 그래, 처음 몇 번은 준비가 부족했다고 치자. 그런데 계속해서 진전이 없다. 당연하다. 계속해서 □ 모양 그대로이니까.

　가위로 오릴 부분이 있다면 오리고, 덧붙일 부분이 있다면 그렇게 하자. 그래서 + 비슷한 빈 공간에 맞을 만한 조각을 스스로 만들어 내야 한다. 누가 이 조각과 가장 비슷한 모양을 만들어 낼 수 있는가? 이것이 바로 취업의 성공 여부를 결정하게 되는 것이다.
　개념을 알겠는가? 여러분들은 지금 이것이 안 되고 있다. 그래서 만족할 만한 성과를 거두지 못하고 있는 것이다. 그럼, 이 조각은 어떻게 만드냐고? 지금부터 한번 알아보자.

셀프 점검표 14

지원 회사에서 원하는 퍼즐의 조각이 어떤 모양인지 알고 있는가? 내가 현재 가지고 있는 퍼즐 조각을 끼워 넣을 수 있을지 생각하는 시간을 가져보자.

모든 이름 앞에 전략을 둔다

자꾸만 군대 이야기를 꺼내서 미안하지만 가장 적절한 예이니까 마지막으로 한번만 이해해 주기 바란다. 군대에서는 진행하는 모든 활동이나 행사 앞에 전투라는 단어를 붙인다. 매주 수요일 (필자의 군대 시절에는 수요일이었는데, 지금은 요일이 바뀌었는지 모르겠다) 진행되는 체육 활동 시간의 이름은 전투 체육이다. 축구를 하게 되어도 이름은 그냥 축구 시합이 아니라 전투 축구가 된다. 심지어 군대에서 쓰는 모자의 이름은 전투모이고, 입는 옷의 이름은 전투복, 야외 훈련 시 먹는 밥의 이름은 전투 식량이다.

필자는 우리가 진행하는 모든 구직 활동 앞에 전략이라는 단어를 붙일 것을 아주 적극적으로 권하고 싶다. 실제 붙여서 사용하든 하지 않든 관계는 없지만, 최소한 모든 활동을 전략적으로 진행해야 한다는 사실은 잊지 않게 될 것이다.

본격적으로 전략을 활용하는 시점에서 여러분들이 앞에서 정리한 취업용 정보, 적성, 자격 등의 모든 내용은 경쟁력이라는 단어로 통합된다. 그렇다, 경쟁할 만한 힘이나 능력이 되는 것이다. 따라서 앞으로는 경쟁력이라는 단어를 활용하여 여러분들을 평가하게 될 것이며, 여러분들은 경쟁력을 가장 핵심적인 자신만의 무기로 활용을 하게 될 것이다.

앞에서 알아본 자격에서 100% 모든 내용을 다 맞추어 갈 수 있는 사람은 아마도 드물 것이다. 그래서 전략이 필요한 것인데, 학력 배경은 얼추 맞는데 경험이 부족하다거나, 자격증은 많은데 학점이 좋지

 나의 취업 경쟁력을 점검해주는 7가지 'ㅈ' 이야기

않다거나 하는 등의 상황일 것이다. 가장 중요한 것은 일단 본인이 갖추어 놓은 경쟁력에 먼저 집중을 하는 것이다. 왜냐하면 일단 그 부분을 최대한으로 부각시켜야 하기 때문이다. 그리고 나서 나머지 부족한 부분을 채울 수 있는 변명을 만들어 내야 한다. 가능하면 나의 단점이 많이 노출되지 않도록 인사 담당자의 눈을 딴 곳으로 돌리기 위한 전략이라고 말할 수 있겠다.

관련 지식이나 경험이 없을 때	적성이나 인성, 성격적인 부분에 집중하여 경쟁력을 전달한다. 특히 지원 동기나 입사 후 포부 등에 더 많은 힘을 싣는다. 인사 담당자가 이러한 부분을 공격하기 이전에 미리 그들의 눈을 다른 곳으로 돌려 놓는 전략이 필요하다.
지식은 있는데 경험이 부족하다면	학력 배경, 연수, 자격증, 기타 서적 등을 통한 지식적인 측면에 더 많은 비중을 둔다. 경험이 부족하다는 점을 솔직하게 인정하는 자세도 도움이 된다.
적성이나 성격조차도 맞추기 어려울 때	모든 항목에서 접근이 가능한 내용을 한 가지씩 뽑아서 본인의 history를 전달하는 기분으로 전략을 세운다. 하지만 이 경우에는 정확한 핵심 경쟁력을 전달하지 못할 수 있기 때문에, 가능하면 본인의 자격에 맞는 분야를 찾아서 이 상황까지 오지 않도록 하는 노력이 필요할 것이다.
단점을 물어볼 때	'너무 ~해서 ~하다' 를 활용한다. 예를 들면 '나는 너무 완벽하게 일하려고 노력해서 간혹 지칠 때가 있다' 거나, '너무 집중을 많이 해서 다른 일을 잘 돌아보지 못할 때가 있다' 거나 하는 등의 내용이다. 이것을 잘 활용하면 나중에 장점으로 승화시키기가 아주 유리한데, 남들이 성격의 장단점을 말할 때 우리는 장장점을 이야기할 수 있는 효과가 있다. '너무 ~해서 ~하다' 라는 것은 결국에 장점이 너무 세서 단점이 되었다는 뜻이기 때문

	이다.
일반적인 성격	일반적인 성격을 묻게 되면 반드시 단점을 포함시켜야 하는 것은 아니다. 장단점을 묻게 되면 장점에 80~90%, 단점에 10~20% 정도의 내용을 할애하도록 한다. 단점의 경우에는 바로 위에서 알아본 방법을 활용하는 것이 도움이 되며, 단점을 보완하기 위해서 어떠한 노력을 하고 있는지까지 설명을 해주는 것이 좋다.
학점이 좋지 않을 때	관련 경험이나 기타 교내 활동 등에 참여하여 학점에 소홀해졌음을 자연스럽게 인정하는 자세가 필요하다. 역시 인사 담당자가 학점으로 눈을 돌리기 이전에 다른 장점들을 내세우는 전략이 필요할 것이다.
관련 경험이 없을 때	정확하게 관련된 경험이 아니라도 충분히 활용이 가능하다. 예를 들어서 옷 매장이나 길거리에서 물건을 판매해 본 경험은 영업에 지원하는 사람이 활용해볼 수 있다. 봉사활동의 경험은 서비스 정신을, 서빙 아르바이트의 경우에는 고객 응대 쪽으로 방향을 맞춰서 접근할 수 있다. 이런 부분조차도 맞춰가기 어렵다면 조직의 일원으로 조직의 업무 흐름을 배우고, 팀워크, 협동심, 단결력, 의사소통 능력 등을 길렀다는 식의 내용도 도움이 될 것이다.
마땅한 취미가 없을 때	진짜 솔직하게 마땅한 취미가 없더라도 전략적으로 맞춰가는 노력이 필요하다. 그냥 집에서 TV를 보면서 쉬더라도 시사 관련 프로그램을 시청한다거나, 낮잠을 자더라고 체력을 보충하기 위해서라는 식의 내용이 그것이다. 한번만 더 생각을 해보면 단순한 내용도 충분히 전략적으로 맞춰갈 수 있다.

서류 작성과 면접을 통틀어서 전략적인 접근이 가장 필요한 몇 가지 대표적인 사례를 위와 같이 정리해 보았다. 솔직하게 나의 모든 것

 나의 취업 경쟁력을 점검해주는 7가지 'ㅈ' 이야기

을 알려주는 것이 가장 좋은 것 아니냐고 반문할지도 모르겠다. 솔직하지 말라는 것은 아니다. 다만, 서류도 그렇고 면접도 인사 담당자나 면접관이 기대하는 정도가 있다. 따라서 최소한 그 기대치에는 맞추기 위해서 전략적으로 조금 더 장식한 것뿐이다.

하지만 너무 눈에 많이 보이는 단점일 경우에는 오히려 솔직하게 인정을 하고, 현재 그 부분을 보완하기 위해서 노력하고 있다는 식의 접근이 더 자연스러울 수 있다. 어찌 되었든 일단은 가능성이 있는 지원자로 비춰질 수 있도록 상황을 만들어야 하는 것이 전략에서 가장 중요한 것이다.

셀프 점검표 15

지금 자신에게 가장 부족한 부분은 어떤 부분인가? 어떤 전략을 활용하고 그 부분을 보완할 수 있을지 점검해 보자.

채용 공고의 정보가 부족한 경우에는

우선 전략적으로 이력서와 자기 소개서를 작성하려면 맞춰가야 할 대상이 필요하다. 아무 대상도 없는 상태에서 무턱대고 전략적으로 문서를 꾸려 나갈 수는 없는 노릇이다. 따라서 정확한 전략을 세우기 위해서 지원 회사의 채용 공고를 분석하는 과정이 필요할 것이다.

그럼, 여러분들이 자주 접하게 되는 국내 기업의 가장 일반적인 채용 공고를 한번 들여다 보자.

국내 대기업 마케팅직 신입 지원 자격

- 2008년 2월 기졸업자 (5~7월 입사 가능자)
- 2008년 8월 졸업 예정인 학/석사 재학생 (7~8월 입사 예정)
- 2009년 2월 졸업 예정인 학/석사 재학생 (하반기에도 모집 예정임)
- 전공: 마케팅, 경영, 경제, 통계, 회계
- 전 학년 평점 B 이상 (학/석사 전 과정)
- TOEIC 700점 이상, 또는 그에 준하는 공인 어학 성적 보유자

  (2006년 4월 이후 취득한 성적만 유효함.)
- 군 필자, 면제자, 비 대상자 (여성)
- 해외 여행에 결격 사유가 없는 자

위의 내용은 국내 모기업에서 마케팅직 신입 지원자를 모집하고 있는 채용 공고이다. 그런데 국내 기업의 경우에는 생각보다 구체적으로 채용 공고를 내고 있지 않기 때문에 공고만으로 전략을 세우기

  나의 취업 경쟁력을 점검해주는 7가지 'ㅈ' 이야기

가 쉽지 않아 보인다. 이때 우리가 바로 앞 장에서 알아본 자격 사항을 적극적으로 활용해볼 수 있다.

사실 앞선 3장 '자격'에서 우리가 지원하고자 하는 분야나 직종의 가장 기본적인 자격을 분석하는 과정은 자신만의 취업 전략을 세우는 가장 첫 번째 단계가 된다. 처음부터 세부적으로 전략을 세우기 어렵기 때문에, 일단은 가장 넓으면서도 일반적인 수준에서 맞춰갈 수 있는 전략을 세우는 과정이라고 볼 수 있다. 앞에서 이것을 전략이라고 지칭하지 않은 이유는 지금 종합적으로 함께 알아보는 것이 훨씬 더 빠르게 전략을 이해할 수 있기 때문이다.

마케팅

분석력이 뛰어난 자.

프레젠테이션 능력이 뛰어난 자.

책임감이 강하며 팀워크에 적합한 소양을 갖춘 자.

뛰어난 의사소통 능력 (쓰기/말하기).

자발적으로 업무에 참여할 수 있는 자.

독립적 업무 수행 가능자.

적극적이고 창의적이며 리더십이 뛰어난 자.

물건을 판매해 본 경험.

공모전 경험.

마케팅 분야에서는 채용 공고에서 나온 마케팅, 경영, 경제, 통계, 회계 전공이나 기타 학점 및 어학점수 이외에도 꽤 많은 내용들을 원

하고 있다는 것을 다시 한 번 확인해 볼 수 있을 것이다.

그 다음으로는 이 마케팅이라는 직종에서 실제로 일하고 있는 사람이나 최근에 본인이 목표로 하고 있는 기업에 취업한 사람들의 이야기들을 눈여겨볼 필요가 있겠다. 이는 앞에서도 잠깐 알아본 취업멘토를 활용해 볼 수도 있겠고, 다양한 서비스를 제공하고 있는 취업포털 사이트에서도 비슷한 정보를 찾아볼 수 있다. 또한 학교의 취업지원센터 등에서 최근 졸업생 중 취업에 성공한 선배들을 불러서 취업 성공담을 함께 나누는 프로그램 등도 실시하고 있는데, 이러한 행사 등을 통해서도 고급 정보를 얻을 수 있다.

바로 앞에서 필자가 말한 여러 채널을 통해서 모은 정보를 한번 소개해 보겠다. 내용은 여러분들보다 조금 앞서서 마케팅이라는 직종에 도전하여 취업에 성공한 신입들이 가장 많이 갖춘 성격과 적성 그리고 전략 노하우가 되겠다.

성 격	풍부한 상상력과 창조적인 기질. 호기심이 강하고 독창적으로 일을 처리할 수 있는 능력. 남에게 도움을 잘 주며 협동심이 강함. 통찰력을 갖추고 재치 있게 상황에 따라 변화. 현실적이며 실용성을 중시하는 경향. 강한 독립심을 바탕으로 자신감과 이해심이 풍부.
적 성	활동적이며 민첩성을 갖춤. 여러 사람을 교육시켜본 경험이 있음. 새로운 일을 시작함에 있어서 필요와 요구를 분석 및 예측. 목표와 순위를 정한 후 기획하여 일의 우선 순위를 결정. 분석적이고 논리적으로 당면한 문제 해결. 남을 이끌고, 동기를 부여하는 중재자 역할.

전 략 노하우	관련 업무 경험이나 기타 업무 경험을 적극적으로 활용. 해외 여행이나 어학연수 등을 바탕으로 글로벌 마인드 및 어학 능력 전달. 업무에 꼭 필요한 컴퓨터활용 능력 갖춤. 기타 활동 등을 통하여 리더십이나 팀워크 기술을 강조.

물론 지원하는 회사에 따라서 아주 세부적인 접근 방법은 달라질 수 있겠다. 하지만 우리가 나름대로 분석한 자격 사항과 성공한 사람들이 갖춘 성격 및 적성, 그리고 전략 노하우가 꽤 많은 부분 겹치고 있다는 것을 확인할 수 있다. 더 나아가서 우리가 미처 챙기지 못했던 사항들도 알 수 있고, 어떤 부분에 초점을 맞춰서 전략을 세워야 하는지도 확인할 수 있다.

필자는 마케팅이라는 한 직종에 대해서만 정리를 했다. 마케팅 지원자는 그래도 필자의 정리 내용을 활용해볼 수 있으니 그나마 운이 좋다 하겠다. 다른 직종의 지원자는 필자가 마케팅을 정리한 것과 비슷한 과정을 통하여 나름대로 정보를 분석하고 정리하는 노력이 필요할 것이다. 셀프 점검표를 통해서 한번 진행해 보도록 하자.

셀프 점검표 16

내가 지원하는 회사의 채용 공고, 가장 기본적인 자격 요건, 그리고 선배들의 노하우 등을 종합하여 보자. 공통점을 찾아서 내가 전략적으로 맞춰 가야 하는 정보를 정리해 보자.

채용 공고의 정보가 충분한 경우에는

그럼, 위의 공고보다 조금은 더 구체적으로 나와 있는 공고를 한번 전략적으로 맞춰 보도록 하자. 국내 기업의 경우에도 바로 아래에 나와 있는 것처럼 구체적인 자격 요건을 채용 공고를 통하여 전달하는 경우가 있다.

광고, 홍보 > 대기업 홍보실

• 창의력, 협상력, 추진력, 분석력, 대인관계 능숙자 우대

• 강한 기획력, 조직능력, 우선순위에 따른 업무 추진 능력

• 프레젠테이션 능력 우수자

• 적극적이고 진취적인 사고의 소유자

• 긍정적, 열정적인 성격의 소유자

그럼, 실제 케이스를 바탕으로 설명해 보도록 하겠다. 필자와 함께 위의 채용 공고에 맞춘 전략을 세웠던 지원자의 경쟁력은 다음과 같다.

관련 업무	• 반년 정도 모 기업 홍보실에서 인턴 • 다양한 아르바이트 활동 (주로 소비자 리서치 관련 및 일반 기업 사무 보조)
학력 배경	• 중상위 대학 신문방송학과 졸업: 학점과 토익 (3.6/860) • 미국에서 10개월 정도의 어학연수와 유럽 및 동남아 배낭여행

<table>
<tr><td rowspan="4">성격 및 적성</td><td>• 진로를 위해서 많은 시간과 열정을 투자</td></tr>
<tr><td>• 대인관계 능력</td></tr>
<tr><td>• 인간관계에 특별한 갈등 없음</td></tr>
<tr><td>• 항상 웃으려고 노력</td></tr>
</table>

자, 그럼 이제 본격적으로 전략을 세워 보자. 학력 배경을 먼저 분석해 보도록 하겠다.

<table>
<tr><td rowspan="2">학력 배경</td><td>• 중상위 대학 신문방송학과 졸업: 학점과 토익 (3.6/860)</td></tr>
<tr><td>• 미국에서 10개월 정도의 어학연수와 유럽 및 동남아 배낭여행</td></tr>
</table>

지금 지원자는 광고/홍보 직종 안에서 대기업의 홍보실에 지원하고 있다. 따라서 학력 배경에서 내세운 중상위 대학 신문방송학과 졸업의 내용은 탄탄한 배경이 될 수 있다. 학점과 토익의 숫자가 그것을 증명해준다. 아울러서 미국에서 10개월간 어학연수를 받으면서 유럽 및 동남아 지역을 여행하였다. 이러한 경험은 위의 채용 공고에 나온,

> • 적극적이고 진취적인 사고의 소유자
>
> • 긍정적, 열정적인 성격의 소유자

의 부분을 만족시켜줄 수 있는 이야기로 충분히 풀어낼 수 있을 것이다. 예를 들면 학업에 그만큼 적극적이고 열정적이었으며, 진취적으로 연수 및 여행을 하였다는 식의 방향이다. 우리가 이미 1장 '자신'

에서 다루어 본 내용과 흡사하다.

그런데 여기에서 한 가지 문제점을 발견할 수 있다. 위의 학력 배경에서 정리된 내용은 나의 입장에서 보았을 때에는 충분히 전면에 내세울 수 있는 경쟁력이 될 수 있지만 다른 경쟁자와 비교하여 본다면 그렇지 못한 경쟁력이 될 수도 있다는 점이다. A라는 대학과 비슷한 수준의 B라는 대학에서 신문방송학을 전공한 두 지원자가 있다면, 비슷한 느낌 이상을 전달하지 못하게 될 것이다. 또 상당히 기본적인 옵션이 되어버린 어학연수나 배낭여행 역시 마찬가지이다. 1장의 취업용 정보를 꾸리는 과정에서 이 부분을 잠깐 언급했었는데, 지금 이렇게 실례를 바탕으로 다시 설명을 하니까 이해가 더 쉬울 것이라고 믿겠다.

따라서 이 부분은 기본 바탕으로 깔아 놓은 경쟁력 정도로 활용을 하면 좋을 것이다. 가장 기본적이면서 일반적인 수준의 경쟁력은 챙겨 놓고, 그보다 더 강한 경쟁력을 관련 업무를 통하여 풀어 놓는 느낌이 되겠다.

관련 업무	• 반년 정도 모 기업 홍보실에서 인턴 • 다양한 아르바이트 활동 (주로 소비자 리서치 관련 및 일반 기업 사무 보조)

대기업의 홍보실에 지원을 하면서 6개월 정도 모 기업의 홍보실에서 인턴을 한 경험은 그 누가 보아도 강한 경쟁력이 될 것이다. 그 밖에 소비자 리서치나 일반 기업에서 사무 보조 아르바이트를 한 경험

으로 다소 모자란 부분을 충분히 support해줄 수 있을 것이다. 이렇게 되면 기본으로 깔아 놓은 경쟁력 위에 조금 더 강한 경쟁력을 세워놓는 전략을 펼칠 수 있는 것이다. 즉, 다른 경쟁자보다 내가 이만큼 더 갖추었다는 것을 알리는 기분이 될 것이다.

채용 공고에서 내용을 찾아 본다면,

> • 강한 기획력, 조직능력, 우선순위에 따른 업무추진 능력
> • 프레젠테이션 능력 우수자

등의 내용에 어울릴 수 있을 만한 내용을 이 관련 업무에서 찾아서 대입해볼 수 있겠다. 예를 들면 6개월 정도 모기업의 홍보실에서 인턴으로 근무를 하면서 강한 기획력, 조직능력, 우선순위에 따른 업무추진 능력을 길렀다거나 실제로 프레젠테이션에 참여해 보았다는 식의 접근이다.

마지막으로 성격 및 적성이다.

성격 및 적성	• 진로를 위해서 많은 시간과 열정을 투자 • 대인관계 능력 • 인간관계에 특별한 갈등 없음 • 항상 웃으려고 노력

이 부분의 내용 역시 채용공고에서 나온,

 나의 취업 경쟁력을 점검해주는 7가지 'ㅈ' 이야기

> • 창의력, 협상력, 추진력, 분석력, 대인관계 능숙자 우대
>
> • 적극적이고 진취적인 사고의 소유자
>
> • 긍정적, 열정적인 성격의 소유자

의 내용 중에서 최대한 근접하게 활용할 수 있는 내용을 찾아볼 수 있을 것이다. 이렇게 모두 대입을 한 이후에 미처 챙기지 못했던 부분이 채용 공고에 남아 있다면 나머지 것들마저도 전략적으로 맞춰갈 수 있는 방법을 생각해보면 되겠다.

개념을 잡아가고 있는가? 이런 것이 바로 전략이다.

셀프 점검표 17

조금 더 상세하게 나온 채용 공고에 나의 관련 업무, 학력 배경, 성격 및 적성을 대입해 보자.

채용 공고를 통한 맞춤 전략 세우기

자, 그럼 전략 세우기의 마지막 단계로 채용 공고를 분석하여 실제 이력서와 자기 소개서에 담을 수 있을 만한 내용을 만들어 보도록 하겠다. 아래 채용 공고는 모 글로벌 제약 회사의 내용인데, 국내 기업들에서 나오는 채용 공고보다는 비교적 상세한 요구 사항들을 담고 있다.

글로벌 제약회사 마케팅 영업 신입

4년제 대학교 기졸업자 및 2008년 2월 졸업예정자 (전공 불문, 남자의 경우 병역필)

지방도시 근무 가능한 자

영어 의사소통 가능자 및 보훈자녀의 경우 전형시 우대함

필요 역량:

리더십 및 변화관리 능력

질병 및 의약관련 지식 전달 및 적용 능력

문제해결 능력

커뮤니케이션 및 프레젠테이션 스킬

고객지향 마인드

업무 영역:

고객의 니즈에 맞는 전문적이고 경쟁력 있는 서비스를 제공

 나의 취업 경쟁력을 점검해주는 7가지 'ㅈ' 이야기

사업계획과 전략에 따른 영업목표의 달성

영업 및 마케팅 활동 개발, 실행

시장정보의 파악 및 공유

고객과 긍정적인 비즈니스 파트너 관계를 형성

이렇게 채용 공고에서 요구하는 내용이 많은 경우에 지원자들은 대부분 당황하게 된다. 하지만 당황할 것은 없다. 내용이 이렇게 많은데 어떻게 맞춰갈 수 있을지를 걱정하는 대신에 내용이 이렇게 많으니까 이 중에서 어떤 부분을 맞춰갈 수 있을지를 고민하면 된다. 채용 공고에서 원하는 사항이 15가지 정도가 되고, 나의 경쟁력이 10가지 정도가 된다면, 나의 10가지 경쟁력을 다 맞춰갈 생각만 하면 되는 것이다. 나머지 5개는 맞추지 못했어도 일단 나의 10가지 경쟁력을 다 맞출 수 있다면 경쟁력을 올바르게 전달한 것으로 보아도 좋다는 뜻이다.

그럼, 채용 공고와 나의 경쟁력을 하나씩 비교를 하면서 맞춰 내려 가보자.

① 4년제 대학교 기졸업자 및 2008년 2월 졸업예정자 (전공 불문, 남자의 경우 병역필)

② 지방도시 근무 가능한 자

③ 영어 의사소통 가능자 및 보훈자녀의 경우 전형시 우대함

① 나는 4년제 대학교의 졸업을 앞두고 있다.

② 지방도시 근무도 가능하다.

③ 영어 역시 능통하지는 않지만 일상적인 대화는 문제없다.

번호끼리 비교를 해보면 조금 이해가 쉬울 것이다. 4년제 대학교의 졸업을 앞두고 있다는 사실은 채용공고 ①번 사항을 만족시켜 준다. 신입의 입장에서 지방 근무도 불사하겠다는 의지를 보여주겠다는 의지로 ②번 역시 만족을 시켰다. 영어가 아주 능통한 편은 아니지만 일상적인 대화 수준은 된다는 판단으로 채용공고 ③번의 사항 역시 그런대로 맞춰 보았다. 일단 가장 기본적인 세 가지 사항은 맞춰 놓았다고 볼 수 있다.

그 다음으로 필요 역량이다. 필요 역량은 이 일을 하기 위해서는 이 정도의 역량을 필요로 한다는 것을 미리 알리고 있는 부분이다.

필요 역량:

① 리더십 및 변화관리 능력

② 질병 및 의약관련 지식 전달 및 적용 능력

③ 문제해결 능력

④ 커뮤니케이션 및 프레젠테이션 스킬

⑤ 고객지향 마인드

> ① 대학시절 학생회 임원활동을 통해서 리더십을 키웠다.
>
> ② 약학을 전공하였기 때문에 질병 및 의약관련 기본지식을 보유하고
> 있다.
>
> ③, ④, ⑤ 다양한 아르바이트를 통하여 대인관계 및 문제해결 능력을
> 발전시켰으며 고객서비스를 직접 경험하였다.

대학에서 학생회 임원으로 활동을 하면서 이 일에 필요한 리더십을 키웠다. 또한 약학을 전공했기 때문에 질병 및 의약관련 기본적인 지식을 갖추고 있다. ①에서 변화관리 능력을 놓치기는 했지만, 그리고 ②에서 지식 전달 및 적용이라는 접근보다는 기본이 되는 지식으로 전공을 활용하기는 했지만 전략적으로 맞춰서 이력서와 자기 소개서의 내용을 꾸리기에는 충분한 내용들이 될 것이다.

③ 문제해결 능력, ④ 커뮤니케이션 및 프레젠테이션 스킬, ⑤ 고객 지향 마인드 역시 다양한 아르바이트를 통하여 이러한 능력을 길렀다는 쪽으로 방향을 잡게 되었다. 그렇다면 벌써 나의 이력서와 자기 소개서에서 가장 중요한 학력 배경과 관련 경험에 대한 내용의 방향을 어떤 식으로 잡아야 할지에 대한 확실한 윤곽이 나온 것이다.

그럼, 마지막으로 업무 영역 부분을 들여다보자. 이 부분은 실제로 이 글로벌 제약회사에 입사를 하게 되었을 경우에 담당하게 될 영업 마케팅의 업무 내용을 알려주고 있다. 하지만 지금 막 졸업을 한 신입의 입장에서는 이러한 일을 잘할 수 있다고 말하는 것은 무리가 있다.

따라서 이 업무 영역 부분은 다양한 증거를 바탕으로 이러 이러한 일을 잘할 수 있는 충분한 잠재력이 있다, 혹은 가능성이 있다라는 정도로만 활용을 해도 충분하다.

업무 영역:

① 고객의 니즈에 맞는 전문적이고 경쟁력 있는 서비스를 제공

② 사업계획과 전략에 따른 영업목표의 달성

③ 영업 및 마케팅 활동 개발, 실행

④ 시장정보의 파악 및 공유

⑤ 고객과 긍정적인 비즈니스 파트너 관계를 형성

① 고객서비스 경험을 바탕으로 고객의 니즈를 만족시킬 수 있는 서비스를 제공

④ 약학에 대한 기본적인 지식을 바탕으로 시장정보를 잘 파악할 수 있다.

⑤ 대인관계 및 문제해결 능력을 바탕으로 고객과 원만한 관계를 유지할 수 있다.

먼저 필요 역량에서 활용하였던 고객 서비스 아르바이트 경험을 바탕으로 업무 영역의 ① 고객의 니즈에 맞는 전문적이고 경쟁력 있는 서비스를 제공 부분을 맞춰보았다. 말했듯이 아직 우리가 신입의 입장에서 고객의 니즈에 맞는 전문적이고 경쟁력 있는 서비스를 제

공해봤다든가, 할 수 있다고 말하는 것은 무리가 있다. 따라서 이러한 것을 할 수 있는 배경이 있고, 그 배경을 바탕으로 가능성과 잠재력을 가지고 있다는 정도로 접근을 하는 것이 자연스러우리라 본다.

그런 맥락에서 ② 사업계획과 전략에 따른 영업목표의 달성과 ③ 영업 및 마케팅 활동 개발, 실행은 맞춰가지 않고 배제를 해두었다. 너무 전문적인 업무 영역까지 맞추려다 보면 그야말로 억지스러운 느낌이 들 수 있기 때문이다.

④ 시장정보의 파악 및 공유는 약학을 전공한 학력적인 배경을 적극적으로 활용하여 시장정보를 잘 파악하고 공유할 수 있는 자신이 있다는 쪽으로 방향을 맞추었고, ⑤ 고객과 긍정적인 비즈니스 파트너 관계를 형성 부분은 대인관계 및 문제해결 능력을 바탕으로 고객과 원만한 관계를 유지할 수 있다는 식으로 자연스럽게 접근해보았다.

마지막으로 조금만 더 시간과 노력을 투자하고 싶다면 다음의 내용까지 전략적으로 맞춰가는 모습을 보여줄 수 있다.

지원회사의 핵심 가치

정직, 혁신, 인간 존중, 고객 중심, 팀워크, 리더십, 성과, 지역 사회 봉사, 품질

지원회사의 홈페이지를 방문하여 핵심 가치를 찾아보니까 위와 같은 사항들에 가치를 두고 있다는 것을 확인할 수 있었다. 그렇다면,

위에서 맞춰간 부분 이외에 다른 내용에는 핵심 가치에서 찾은 단어를 적극적으로 활용해볼 수 있다.

스스로 정직하지 않다고 생각하는 사람이 있는가? 고객 서비스 아르바이트를 바탕으로 고객 중심과 팀 워크를 맞춰갈 수 있다. 대학 생활을 통한 리더십은 이미 앞에서 다 강조해 놓은 부분이다. 이렇게 하나씩 대입을 해보는 과정을 통해서 내가 이력서와 자기 소개서에서 작성할 모든 내용을 전략적으로 꾸려 나갈 수 있는 것이다.

셀프 점검표 18

채용 공고를 바탕으로 이력서와 자기 소개서에 실제로 작성할 내용을 만들어 보자. 추가적으로 지원 회사의 홈페이지를 방문하여 핵심 가치나 인재상을 분석하여 보자.

제목을 활용한 자기 소개서 전략 세우기

조금 더 대놓고 맞춰가는 전략도 있다. 바로 앞에서 이력서와 자기 소개서의 내용적인 측면을 맞춰가는 느낌보다 조금 더 강하게 나의 경쟁력을 풀어 놓는 기분이 들 것이다.

다음과 같은 채용 공고가 있다. 내용으로 미루어보아 서비스 업종에서 고객 서비스를 제공하는 업무인 것으로 보인다.

<u>지원회사의 채용 공고</u>
다양한 서비스 업종에 대한 경험
대인관계 및 의사소통 능력이 뛰어난 자
뛰어난 문제해결 능력을 보유한 자
서비스 및 고객 중심적인 마인드

그렇다면 이 채용 공고의 4가지 사항을 활용하여 아예 이것들을 나의 자기 소개서 제목으로 만들어 버리는 것이다.

<u>고객의 필요와 요구를 파악할 수 있는 지원자</u>
첫째, 서비스 업종에 대한 경험
둘째, 대인관계 능력
셋째, 위기상황 대처 능력
넷째, 미소를 머금은 얼굴

채용 공고를 분석한 후 자신의 경쟁력과 비교하여 고객의 필요와 요구를 파악할 수 있는 지원자라는 대제목을 만들어 붙였다. 전체적으로 채용 공고에서 원하는 방향을 미리 제시해줄 수 있는 자기 소개서의 큰 제목이 된다.

그리고 나면 채용 공고를 분석해서 제목을 맞춰 갔다는 것을 알리기 위한 내용이 필요하다. 아마도 다음의 메시지만 정확하게 담고 있다면 어떤 내용이라도 좋을 것이다.

① 나는 고객의 필요와 요구를 파악할 수 있는 사람이다.
② 나의 학력 배경이나 관련 경험, 적성, 성격 등이 이 분야 및 귀사와 맞는다.
③ 그 증거로 나는 다음과 같은 4가지 경쟁력을 갖추고 있다.

이렇게 설명을 한 다음에

첫째, 서비스 업종에 대한 경험
둘째, 대인관계 능력
셋째, 위기상황 대처 능력
넷째, 미소를 머금은 얼굴

와 같이 소제목을 만들어서 붙였다. 하나씩 분석을 해보자.

첫째, 서비스 업종에 대한 경험

이 부분은 우리가 일반적으로 가장 많이 활용하는 관련 경험이나 사회 활동 정도의 제목인데, 채용 공고에 맞춰서 이렇게 전략적으로 바꿔본 것이다. 당연히 서비스 업종에 대한 경험의 내용을 상세하게 풀어서 설명하면 되겠다.

둘째, 대인관계 능력

이 부분은 대학 시절의 활동이나 일반적인 경험을 통하여 충분히 접근이 가능한 부분이다. 일반적으로는 대학 시절의 과외 활동, 기타 활동 혹은 대학 시절 등의 제목으로 활용하는 부분이지만 역시 채용 공고에 정확하게 맞춰서 제목을 변경하여 보았다.

셋째, 위기상황 대처 능력

마찬가지로 서비스 경험이나 기타 활동을 통하여 접근이 가능한 부분이다. 대인관계 능력과 위기상황 대처 능력은 에피소드를 곁들여서 보다 상세한 증거를 제시해 줄 수 있을 것이다.

넷째, 미소를 머금은 얼굴

지원자의 성격이나 적성을 표현할 수 있는 부분이 되겠다. 일반적으로는 성격의 장단점 정도의 제목으로 활용을 하겠지만, 전략적인 자기 소개서 작성을 위하여 변경을 하였다.

그런 다음에 마지막으로 동기와 포부의 느낌을 담은 단락으로 마무리를 하여 주면 그것으로 끝이다.

우리가 일반적인 자기 소개서에서 반드시 작성을 해야만 한다고 생각하는 성격, 학력 배경, 기타 활동, 관련 경험 등 모든 항목들을 작성한 것이다. 이렇게 제목을 전략적으로 바꾸었지만 그 내용에는 특별하게 차이가 없다. 오히려 제목을 전략적으로 맞추어 줌으로써 메시지가 전달되는 효과는 엄청나게 커지게 될 것이다.

셀프 점검표 19

채용 공고를 분석하여 본인의 자기 소개서에 어울릴만한 제목을 전략적으로 만들어 보자.

면접에서 활용 가능한 몇 가지 실전 전략

면접에서도 전략은 계속된다. 면접의 전략을 세우기 위해서 필요한 것은 면접 족보가 아니다. 족보에 집중하여 면접을 대비했다가 면접관이 족보에 나온 질문을 던지지 않으면 그것으로 끝이기 때문이다. 면접 전략을 세우기 위해서 가장 중요한 것은 면접의 유형을 분석하는 것이다.

필자는 처음으로 공동집필 했었던 『이력서 자기소개서 국문 영문 이렇게 쓰고 면접 프레젠테이션 국어 영어 이렇게 말한다』라는 630여 페이지에 달하는 서적에서 영어면접의 시간 배분과 면접관을 분석하여 어떤 질문을 준비하는 것이 유리한지 설명하였다. 실제로 우리가 면접 족보를 통하여 알아내야 하는 정보도 면접의 질문이 아니라 바로 이러한 면접의 진행 과정이다. 그래야만 어느 정도의 답변을 사전에 집중하여 준비하고, 누구를 만족시킬 수 있는 메시지를 전달해야 하는지 확실하게 알 수 있기 때문이다.

이번에는 이러한 전체적인 전략보다 실전에서 활용이 가능한 조금 더 구체적인 몇 가지 면접의 전략을 소개해보고자 한다.

❀ 기억에서 끌어낼 수 없는 답변은 반드시 준비한다

면접에서 답변의 종류는 크게 3가지로 나누어 볼 수 있다. 이 역시 첫 번째 서적에서 이미 소개했던 내용인데, 보다 정확한 설명을 위하여 잠깐 정리하고 넘어가겠다.

Major 질문	자기소개, 지원동기, 입사 후 포부, 성격 장단점, 마치는 멘트 등
Detail 질문	학력, 경력, 경험, 활동, 지원회사에 대한 정보 등
Minor 질문	직업관, 가족소개, 취미, 특기, 하루일과 등

Major 질문은 말 그대로 메이저급 질문들이다. 어떤 종류의 면접이 건 간에 반드시 준비를 해야 하며 그만큼 중요한 메시지를 전달할 수 있는 답변들이 되겠다. 사실 기업체에서는 자기 소개와 같이 지원자 가 사전에 대비할 수 있는 질문들은 잘 묻지 않겠노라고 신문지상에 서 발표를 해놓고선 면접에 가면 자기 소개를 꼭 물어 본다. 면접에서 나오지 않더라도 자신에 대한 핵심적이고 중요한 내용을 거의 모두 준비해볼 수 있는 질문들의 유형이 될 것이다.

Detail 질문은 세부적인 질문들이 된다. 우리가 1장 '자신' 에서 알 아본 학력 배경이나 관련 경험, 기타 활동 등의 내용이 이 디테일 질 문에 포함이 된다.

Minor 질문은 비교적 소소하게 다루어 볼 수 있는 질문들이 된다. 대화를 이끌어 가기 위한 질문이 될 수도 있고, 지원자의 개인적인 성 향이나 적성 등을 엿보기 위한 목적이 되기도 한다. 하지만 면접에서 마이너 질문들 위주로 출제가 된다면 다른 메이저나 디테일보다 더 중요해질 수 있기 때문에 절대로 간과해서는 안 될 질문들이 된다.

여기에서 중요한 것은 질문들의 유형상 어떤 질문은 기억에서 답 변을 끌어낼 수 있지만 어떤 질문은 단순하게 기억을 바탕으로 답변 을 만들기가 어렵다는 사실이다.

예를 들어서 대학교 전공에 대한 질문이라든가, 인턴 시절의 업무가 무엇이었냐는 등의 질문은 fact에 기반을 두고 있다. 사실적이고 객관적인 내용에 기반을 두고 있기 때문에 순간적으로 질문을 받게 된다고 하더라도 기억 속에서 충분히 답변을 끌어내서 만들 수 있다. 또한 취미나 가족 소개, 혹은 독서나 운동 등 개인적이고 소소한 질문들은 경험을 통해서 충분히 답변을 만들어 낼 수 있다.

하지만 자신을 소개하는 질문이나 회사에 지원한 이유 혹은 앞으로 어떻게 일을 하겠냐는 등의 질문은 fact에 기반을 두고 있지 않기 때문에, 기억 속에 아무런 내용도 들어 있지 않다. 아마도 메이저 질문에 포함되는 대부분의 질문들은 fact에 기반을 두고 답변을 만들어 낼 수 없을 것이다.

따라서 면접을 준비함에 있어서 fact에 기반을 두고 있지 않은 답변들은 반드시 준비해 두는 것이 유리하다. 돌발적으로 묻는 질문이야 지원자의 상황 대처 능력이나 응용력 등을 알아보기 위한 질문이니까 대비가 어려울 수 있겠지만, 메이저 질문들처럼 사전에 충분히 대비할 수 있는 질문들은 빼놓지 않고 챙겨 두는 노력이 반드시 필요하다.

✿ 주제라도 정해라

다음 장의 '정보'에서 더욱 세부적으로 다루게 되겠지만, 최근 대기업은 실로 다양한 면접을 통하여 지원자를 평가하게 된다. 영어 면접의 경우에도 대면 면접 이외에 OPIc(Oral Proficiency Interview Computer)이나 토익 Speaking & Writing 등을 통해서도 지원자의 영어 능력을 평가하고 있다. 그 외에 토론 면접이나 프레젠테이션 면접 등 실로 준비해야 할 면접이 끝도 없다.

　장기간 시간을 두고서 면접을 준비할 수 있다면 얼마나 좋을까? 실제로 이렇게 준비하는 경우도 많겠지만 서류 전형에서 합격할지 못할지도 모르는 상황에서 무턱대고 면접을 대비하기가 쉽지도 않고, 또 챙겨야 할 다른 회사의 이력서나 자기 소개서, 면접도 많이 있다. 이럴 때에는 최소한 주제라도 미리 정해두는 전략을 세워 보는 것이 유리하다.

　대학교에서 모의 면접을 진행하다 보면 필자 나름대로는 지원자를 당황시키기 위해서 던진 아주 돌발적이고 생뚱맞은 질문에 척척 잘 대답하는 경우가 있다. 오히려 필자가 당황하는 순간이다. 나중에 면접이 끝난 후에 그러한 질문에 어떻게 잘 답변할 수 있었는지를 물어 보면 10명 중에 9명은 비슷한 질문을 실제 면접에서 이미 받아 봤거나, 자기 소개서 등에서 비슷한 주제를 다루어 보았다고 말한다. 이미 한번쯤 사전에 겪어 보았기 때문에 당황하지 않고 답변을 만들 수 있었던 것이다.

　시나리오를 모두 만들어서 머릿속에 기억처럼 저장을 해두면 되지만 시간상 혹은 분량상 그렇게 하기가 쉽지 않다면, 최소한 어떤 이야기를 만들 것인지 그 주제만이라도 기억 속에 박아두면 된다. 그렇게 되면 그것이 하나의 fact로 자리잡을 수 있고, 면접에서 그 내용에 대한 이야기를 충분히 풀어낼 수 있다. 앞에서 언급한 OPIc (Oral Proficiency Interview Computer)이나 토익 Speaking & Writing의 경우에는 더더욱 그렇다. 영어 말하기 시험의 종류인 이들의 문제는 평소 자주 다루어보지 못한 생소한 질문들이 출제되는 경향이 짙다.

취미: 운동에 대한 이야기

독서: 가장 최근에 읽었던 『Secret』이라는 책에 대한 내용

자기 소개: 학력 배경과 관련 경험을 적절하게 조합한 내용

지원 동기: 우연한 기회에 사용해본 지원 회사의 제품으로 이야기를 시작

광우병 찬반 토론: 반대 의견을 제시하고, 정부의 잘못된 협상에 집중

지원회사 제품: 매일 사용하는 면도기와 그 면도기의 장단점

여행: 작년 다녀온 중국 여행 이야기

리더십: 영어 회화 동아리 회장직 활동

　　:

자, 위와 같이 질문에 대한 주제만이라도 미리 잡아두게 되면 최소한 어떤 방향으로 내용을 풀어가야 하는지 실마리를 잡을 수 있다. 한번 겪어본 것과 그렇지 않은 것은 실전에서는 큰 차이를 만들어낸다. 물론 시간과 노력을 조금씩만 더 투자하여 실제 이야기로 풀어서 대비를 한다면 좋겠지만, 단기간에 여러 회사의 면접을 준비해야 한다면 최소한 어떤 이야기를 할 것인지에 대한 주제만이라도 준비를 해두는 것이 유리하다.

답변에서 질문을 찾는다

기억 속에서 끌어내기 힘든 질문 위주로 답변을 준비하고, 그 외의 다른 질문들에 대해서는 알맞은 주제를 미리 정하여 보았다. 그런데 면접은 질문과 답변을 주고 받고를 반복하는 정석의 형태로만 진행

되지 않는다. 실전에서는 좀 다르다. 지원자가 면접관이 묻는 질문에 답변을 하지 못하거나 당황하는 경우도 생길 수 있고, 답변의 질이 좋지 않다거나 너무 길게 되면 면접관이 중간에 자르는 경우가 생길 수도 있다. 뭐, 이런 상황이야 순간적인 응용력을 발휘하여 넘기면 되겠지만 정말로 어려운 것은 내가 답변한 내용 안에서 면접관이 새로운 질문 거리를 찾아 낸다는 데 있다.

필자는 이것을 꼬리 질문이라고 부른다. 그리고 실제로 면접에서 상당히 많이 진행되고 있는 부분이며, 필자 역시 면접관으로 실제 면접을 진행할 때 이 꼬리 질문을 자주 활용한다. 앞에서 우리가 알아본 전략을 바탕으로 면접을 준비하게 된다면, 실제로 면접에서 답변을 하지 못하거나 답변 거리가 생각이 나지 않아서 당황하게 되는 일은 없을 것이다. 하지만 지원자가 답변한 내용을 잘 듣고, 그 안에서 또 다른 질문 거리를 찾게 된다면 그것이야말로 면접관도 지원자도 미리 예측을 할 수 없는 새로운 종류의 질문이 만들어지게 된다.

면접에서 모든 질문 거리와 답변의 내용은 본인이 직접 작성한 이력서와 자기 소개서 안에 모두 들어 있다고들 말한다. 마찬가지로 이 꼬리 질문의 질문 거리와 답변은 여러분이 만들어낸 답변 안에 모두 포함되어 있다. 그럼, 다음의 질문과 답변을 보면서 실전 연습을 한번 해보자.

> **질문:** 학력 배경에 대해서 말씀해 주시기 바랍니다.

> **답변:** 저는 한국 대학교에서 기계공학을 전공하였고, 학점 3.6으로 졸업하였습니다. 수업을 통하여 저는 여러 팀 프로젝트를 경험할 수

 나의 취업 경쟁력을 점검해주는 7가지 'ㅈ' 이야기

있었고, 몇 개의 프로젝트에서는 팀 리더로 활동할 수 있었습니다. 학력 배경 말고도 저는 작은 프로젝트에 참여했던 소규모의 기계 회사에서 한 학기 동안 인턴으로 일했습니다. 수업에서 배웠던 것을 현장에 적용할 수 있는 좋은 기회였습니다.

그럼, 여러분들이 스스로 면접관이라고 가정을 해보고 위의 답변에서 새로운 질문 거리를 찾아보자.

① 기계 공학을 전공하면서 가장 관심이 있었던 과목은 어떤 과목입니까?
② 여러 팀 프로젝트 중에서 가장 성공적이었던 프로젝트는 어떤 것입니까?
③ 리더가 갖추어야 할 가장 중요한 자질은 무엇입니까? (본인은 그 자질을 갖추었습니까?)
④ 인턴으로 일하면서 본인의 주된 임무는 무엇이었습니까?
⑤ 이론과 현장은 어떤 면에서 차이가 있다고 생각합니까?

필자는 그리 오래 생각하지도 않고 위의 답변에서 다음과 같은 5개의 질문 거리를 찾아내었다. 이 5개의 질문에 대한 답변 중에서 한 가지씩만 꼬리 질문을 더 찾게 되어도 질문의 종류와 수는 엄청나게 늘어날 것이다. 그것도 우리가 사전에 예측하지 못하는 방향으로 말이다.

엄밀하게 말하자면 지금 말하고 있는 이 모든 전략들은 사전에 철저하게 대비를 하라는 말 속에 모두 포함될 수 있다. 하지만 가능하면 구체적인 상황을 만들어서 본인에게 맞는 전략을 선택할 수 있도록 세분화해 본 것이다.

셀프 점검표 20

메이저급 질문에 대한 답변을 준비해 보자.

자기소개 :

지원동기 :

입사 후 포부 :

성격 장단점 :

다음 질문에 대한 주제를 미리 정해 보자.

취미 :

독서 :

자기 소개 :

지원 동기 :

광우병 찬반 토론 :

지원회사 제품 :

여행 :

리더십 :

학력 배경 및 관련 경험에 대한 답변 중에서 꼬리 질문을 찾아서 만들
어 보자.

전략에 집중하라

지금까지 이력서와 자기 소개서 그리고 면접에서 여러분들이 활용할 수 있을 만한 실전 전략에 대해서 알아보았다. 처음부터 다시 한번 정리를 해보자면, 우선 여러분들은 취업용으로 활용할 수 있는 자신에 대한 정보를 꾸려 보았고, 지원하는 직종이나 분야, 회사 등에 적성이 있는지를 분석해 보았다. 그리고 구체적인 자격 요건을 통하여 경쟁력을 맞춰서 전략을 세우는 방법을 알아보았다. 지금부터 여러분들이 해야 할 일은 만들어 놓은 전략에 집중하는 일이다.

✸ 결과에 따라 전략을 바꾼다

이미 세워 놓은 전략에 집중하라는 것은 어렵지 않아 보인다. 하지만 실제로 많은 지원자들이 서류 전형을 성공적으로 통과해 놓고, 면접에서 잘못된 전략으로 실패하고 만다. 전략의 방향을 급하게 바꾸기 때문인데, 면접에서 조금 더 많은 것을 보여주려는 욕심 때문일 수도 있고, 이력서나 자기 소개서에서 전달하지 못했던 추가적인 정보를 전달하려는 과정에서 메시지의 방향이 조금 틀어지게 된 것일 수도 있다.

서류 전형에서 합격을 하게 만드는 전략이라면 일단 잘 세워 놓은 전략으로 보아야 한다. 나의 경쟁력이 무엇인지 잘 분석하고 있고, 그것이 지원 회사에서 원하고 있는 지원자의 자격과 상당 부분 일치하고 있다는 증거가 된다. 따라서 서류에서 합격하고 면접에서 탈락한다면 위에서 나온 이유일 확률이 가장 높다. 그렇지 않다면 본인의 면

 나의 취업 경쟁력을 점검해주는 7가지 'ㅈ' 이야기

접에 대한 대비가 부족했다는 것 이외에 큰 이유는 없을 것이다. 전략도 잘 세우고 면접 대비도 잘한 다른 지원자에게 밀린 것이니까.

서류 전형의 합격률이 높지 않다면, 처음부터 전략을 잘못 세웠다고 보는 것이 옳을 것이다. 경쟁력을 잘못 분석했다거나, 지원회사의 자격 요건에 부족한 부분이 아직도 많아 남아 있다는 증거가 된다. 따라서 한 가지의 전략을 계속적으로 활용하기보다는 전략의 결과를 분석해보면서 수시로 전략을 바꾸어 줄 수 있는 노력도 필요하다.

❀ 지원 회사마다 다르게 집중

지원 회사마다 다른 전략을 활용하는 것 역시 중요하다. 만약에 동일한 직종이라면 일단 기본적인 자격 요건은 크게 차이가 나지 않을 것이다. 하지만 동일한 직종의 경우에는 산업이나 회사에 따라서 구체적으로 요구하는 사항들이 충분히 달라질 수 있다.

예를 들어서 영업이라고 하면 제약업계의 영업과 여행업계의 영업에 차이가 있다. 제품이라는 실물을 파는 것과 여행이라는 서비스를 파는 것에 차이가 있기 때문이다. 심지어는 제품이라는 실물을 파는 일도 어떤 산업인지에 따라서 구체적으로 요구되는 자격에 차이가 있을 수밖에 없다.

업무 역시 마찬가지이다. A라는 회사의 마케팅 업무가 영업의 성격이 짙은 업무라면 B라는 회사의 마케팅 업무는 광고의 성격이 짙은 업무일 수 있다는 뜻이 된다. 이렇게 구체적으로 요구되는 경쟁력이 다른데 단 하나의 경쟁력을 바탕으로 서로 다른 회사에 들이밀 수는 없는 노릇이다.

❀ 전략이 나만의 노하우가 된다.

앞에서 우리가 알아본 전략은 가장 핵심적이면서도 공격적인 몇 가지 방법들을 알아본 것에 불과하다. 물론 필자가 실제 취업 현장에서 직접 활용하고 분석하여 얻어낸 결과를 바탕으로 세워 놓은 전략이다. 하지만 취업을 하는 모든 상황에 대한 전략을 필자 혼자서 다 세워볼 수는 없다. 여러분이 취업용 정보에서 정리했던 이름, 학력 배경, 관련 경험이 다른 것처럼 여러분들의 경쟁력과 지원 분야 역시 모두 다르다. 따라서 필자는 여러분만의 독특한 전략을 세워볼 것을 적극적으로 권유한다.

세부적인 사항들이 포함되어 있지 않은 전략이라면 그 자체로 성공적이지 못한 전략이 될 가능성이 크다. 따라서 앞에서 알아본 여러 가지 전략의 방법들을 적극적으로 활용하되 자신만의 세부적인 사항들을 모두 만족시킬 수 있도록 해야 하겠다.

이렇게 하는 과정에서 여러분은 여러분만의 전략 노하우를 만들 수 있게 된다. 그 누구에게도 적용시킬 수 없을 정도로 세분화되고 구체화된 전략. 이 전략을 만들었을 때 비로서 여러분들은 취업이라는 목표를 성공적으로 달성할 수 있다.

서류 전형이나 면접의 결과를 분석해 보자. 그리고 전략에 집중하고 있는지 점검해 보자.

지원 회사마다 다른 전략을 활용하고 있는지 점검해 보자.

전략을 통한 나만의 노하우가 생겼는지 알아보자. 자신의 성공적인 케이스를 분석하여 어떤 전략 노하우인지 파악해 보자.

5 정보

다양한 경로를 통하여 취업 정보를 획득하라

기업에서 진행하는 채용도 변화한다

직무를 분석하라

그 밖의 정보도 챙기자

5 정보(Information)

다양한 경로를 통하여 취업 정보를 획득하라

취업은 정보전이다. 어떤 사람이 얼마나 더 많은 고급 정보를 획득했는지에 따라서 취업의 성패가 결정될 수도 있다. 우리가 지금까지 진행했던 모든 과정 역시 분석하고 비교할 만한 대상이 필요했는데, 그런 것들은 모두 우리가 취합한 정보에서 찾은 것이다. 아는 것이 힘이라는 등 적을 알고 나를 알면 100전 100승이라는 등의 이야기는 너무나도 진부하니까, 이렇게 한번 바꿔보자. 정보가 없으면 비교도, 분석도, 점검도, 전략도 해볼 수 없다고.

디지털이 키워드가 되어버린 이 시대에 정보를 얻는 것이 더 어려워진 이유는 정보를 얻을 수 있는 경로가 너무나도 다양해진 탓이리라. 취업 사이트는 앞다투어 보다 다양하고 세분화된 취업 정보와 채용 공고를 제공하고 있다. 각 분야별 전문 취업 사이트나 외국계 기업 전문 취업 포털 등 보다 전문적인 정보를 제공하는 곳들도 많이 생겨 났다.

대부분의 여러분들은 2~3개 이상의 취업 포털 사이트에 이력서와 자기 소개서를 이미 등록해 놓고 있을 것이다. 그리고 여러분들 인터 넷의 '즐겨찾기' 에는 이미 수많은 기업들의 채용관련 페이지가 저장 되어 있을 것이다. 이런 방대한 분량의 정보를 일일이 찾아 다니기란 쉽지 않을 수 있다. 그것도 매일 말이다. 자칫 정말로 나에게 꼭 필요 한 정보들을 놓치게 될 수도 있다. 따라서 취업 포털 사이트에서 제공 해주는 뉴스레터나 채용 정보 알리미 등의 서비스를 추가로 신청해 두면 놓치게 되는 정보의 양을 최소화할 수 있는 방법이 된다.

취업 정보를 획득할 수 있는 또 한가지 방법은 바로 취업 카페를 활 용하는 것이다. 취업 카페 역시 그 수뿐만 아니라 종류까지 실로 엄청 나다. 앞에서 잠깐 언급했던 면접 족보나 합격 이력서 및 자기 소개 서, 합격 스펙, 자신만의 취업 노하우 등의 정보뿐만 아니라 대기업, 중소기업, 외국계 기업 등에 대한 취업 정보를 나름대로 분석해 놓은 고급 정보들도 얻을 수 있다. 필자 역시 한 유명 토익 사이트에 취업 에 대한 칼럼을 제공하고 있다.

이 밖에 대형 취업 포털과 정부기관 등에서 함께 진행을 하는 취업 박람회, 각 기업이 직접 대학교를 찾아 다니면서 인재를 찾는 캠퍼스 리크루팅이나 취업 설명회 등을 통해서도 도전해 볼 수 있다. 대학교 의 취업 지원센터에서 추천받아 취업에 성공을 하는 케이스도 어렵 지 않게 찾아볼 수 있다.

앞에서도 여러 번 언급했지만 첫 직장에 입사한 후 1년이 채 안되어서 다른 직장으로 움직이는 경력이라는 탈을 뒤집어 쓴 신입들이 점차 늘어나고 있는 추세이다. 이와 함께 경력이 다소 짧거나 인턴 등의 경험만을 갖춘 지원자를 대상으로 한 헤드헌팅 시장도 점차 활발해지고 있다고 했다. 이러한 정보를 알게 된다면 본인이 채용 공고를 통하여 직접 일자리를 알아보는 한편 본인의 이력서와 자기 소개서를 헤드헌팅 사에 등록하여 여러 방향에서 본인에게 맞는 일자리를 알아볼 수 있는 것이다. 인력을 파견해주는 회사들도 생겨났고, 내부 추천이라는 이름 하에 지인을 통하여 취업에 성공하기도 한다.

문제는 이러한 정보들을 어떻게 활용하는가에 달려 있다. 정보를 잘 활용하여 인재가 되느냐, 그렇지 못해서 백수가 되느냐는 우리가 지금까지 알아본 과정을 통하여 그 결과를 알아볼 수 있다. 일반적인 취업에 대한 정보와 채용 공고를 얻는 것과 동시에 취업의 흐름이나 변화, 핫이슈에 민감하게 반응하여 정보를 제대로 살릴 수 있는 인재가 되어 보도록 하자.

셀프 점검표 22

내가 취업에 대한 정보를 얻는 경로를 모두 알아보자. 놓치고 있던 부분을 발견했다면 그 부분도 한번 점검해 보도록 하자.

기업에서 진행하는 채용도 변화한다

이렇게 취업할 수 있는 경로가 다양해짐에 따라서 기업체의 움직임에도 변화가 있었다. 그룹이 일괄적으로 공개채용을 진행했던 과거와는 달리 최근에는 부서나 분야별로 독립적으로 시행되는 이른바 수시 채용이 활발해졌다. 단순하게 채용의 방식에만 변화를 준 것이 아니라 일반면접, 영어면접, 프레젠테이션 면접, 개별 및 집단 토의 면접, 심층면접, 이색면접 등 실로 다양한 종류의 면접을 만들어서 지원자를 꼼꼼하게 살피게 되었다.

처음 기업들은 이력서나 자기 소개서를 검토하는 서류 전형의 과정을 빡빡하게 진행하였다. 그 당시에는 서류 전형만 통과하면 반 이상은 취업된 것으로 생각했다. 하지만 단순하게 문서상으로 전달하는 내용에 한계가 있다는 것을 알게 되었고, 그 빡빡함의 일부분을 고스란히 면접으로 옮겼다. 그리고는 면접의 단계를 1차, 2차, 3차 등으로 분류하고 면접관을 세분화하여 지원자가 이력서나 자기 소개서에서 작성한 내용처럼 실제로도 그러한 경쟁력을 갖추고 있는지를 검증하기에 이르렀다. 개별적으로도 만나보고, 집단으로도 만나보고, 함께 밤새워 과제를 풀어 보기도 하고, 술도 먹어보고, 발표도 해보고. 정말로 다양한 방법으로 지원자의 속 깊은 곳까지 알아보기 위한 면접을 진행했다.

2000년대에 들어서면서 기업들은 글로벌 비즈니스에 어울리는 글로벌 인재를 찾기 시작했다. 그 이전까지 토익이나 토플 등의 점수로만 지원자들의 영어 능력을 평가해왔는데 점수와 실전 영어 능력에는 적잖은 차이가 있다는 것을 알게 되었다. 따라서 실전에서 활용이 가능한 회화 능력을 평가하기 위한 영어면접에 많은 비중을 두기 시작했다. 그러한 영어면접은 최근 OPIc이나 토익 Speaking & Writing 시험과 같은 변형된 영어 말하기 시험의 형태로까지 이르게 되었다.

2008년도에도 매출액 순위 상위 100대 기업에 포함되는 94개 기업 중 30개사 정도가 채용 방식에 변화를 준다고 했다. 그 중에서 가장 많은 변화가 있는 부분이 바로 영어면접이다. 영어 말하기의 비중을 늘린다는 계획이다. 그리고 점차 영어능력은 오직 말하기 점수나 면접으로만 판단한다는 계획도 공개를 했다. 그 다음이 면접의 방식에 변화를 주거나 필기시험 등을 새롭게 도입하는 과정을 포함한다고 했다.

그럼, 내친김에 최근에 새롭게 바뀌고 있는 몇 가지 면접의 유형에 대해서 알아보도록 하자.

❀ 인성 중심형 면접

이른바 열린 채용이라는 이름 하에 까다로운 서류 전형의 자격 조건들을 줄여가는 기업들이 있다. 언뜻 들으면 좋은 현상인 것처럼 보일 수 있으나, 실제로는 그만큼의 까다로움이 면접으로 옮겨졌다고 보면 된다. 오히려 더 빡빡한 면접이 기다리고 있는 것이다.

서류에서 빡빡하게 보지 않으니까 면접에서 빡빡하게 본다. 따라서 지원자와 면접관이 함께 합숙하면서 지원자의 인성을 꼼꼼하게 평가하는 형태의 인성 중심형 면접을 실시하는 기업들이 많다. 함께 극기 훈련이나 체육 활동, 식사 등을 하면서 지원자의 건강 상태뿐만 아니라 대인관계, 의사소통 능력, 협동심, 조직 능력 등 여러 가지 사항들을 아주 자세하게 들여다보기 위해서 노력한다.

✤ 역량 중심형 면접

앞장 '전략'에서 분석했던 채용 공고에서 필요 역량이라는 부분이 기억나는지 모르겠다. 지원자가 어떤 일을 할 수 있는 필요한 역량을 알려주는 부분인데, 조금 쉽게 풀어 보자면 그래도 이 정도의 역량은 갖추고 있어야지 주어진 일을 할 수 있을 정도는 된다는 느낌이다. 특별하게 정형화된 평가는 없지만 일반적으로는 발표, 토론, 개별면접, 영어면접 등의 다양한 면접을 통해서 지원자의 역량을 평가하게 된다. 따라서 진행되는 모든 면접은 지원자가 충분한 역량을 갖추고 있는지 아닌지를 평가하는 질문에 초점이 맞춰지게 될 것이다.

자신들 회사의 특정 상품을 판매하는 것으로 평가를 하거나, 서비스를 분석하여 발표를 하거나, 토론을 통하여 설득력 및 의사소통 능력을 평가하거나 하는 등의 내용이 포함된다. 아울러서 지원회사가 추구하고 있는 비전이나 철학, 가치 등과 비슷한 생각을 가지고 있는지까지도 알아보는 면접이 포함되기도 한다.

이러한 인성 및 역량 중심형 면접은 앞에서 우리가 이미 알아본 적성의 중요성과 일치한다. 이 부분은 2장의 적성에서 이미 상세하게 다루어 본 내용이다. 다양한 방법으로 만나도 보고, 영어 능력도 보고 뽑았지만 실제로 근무시켜 보니까 생각보다 별로라는 것이다. 적성이 맞는 곳에서 일하는 것이 아니기 때문에 개인적으로도 능률을 발휘하지 못하고, 당연히 기업의 입장에서도 손해가 이만저만이 아니다. 따라서 심리검사나 인/적성 검사 등을 아주 적극적으로 활용하고 있는 것이다.

기업들은 신입사원 1명을 뽑는 데 평균적으로 약 100만원 정도의 비용을 들인다. 채용공고를 올리고, 면접을 보고, 인/적성 검사에 필기시험, 신체검사, 오리엔테이션 등 한 명의 신입사원을 뽑는 데 진행되는 절차는 생각보다 많다. 만약에 신입사원을 뽑은 후의 교육이나 연수 비용까지 포함을 하게 되면 그 배 이상의 비용이 들어가게 된다.

나에게 꼭 맞는, 그리고 회사에도 꼭 맞는, 서로 서로 궁합이 꼭 맞는 자리를 찾기 위해서 모두 노력해야 한다.

❀ 실무능력 중심형 면접

실무능력은 앞장의 채용공고에서 나온 업무 영역 부분을 체험해보는 면접이라고 보면 되겠다. 앞장의 채용공고를 전략적으로 맞춰갈 때 사실 이 업무 영역 부분은 너무 전문적으로 설명된 내용이 많아서 억지로 맞춰가지 않았다. 그리고 맞춰간 부분 역시 그러한 일을 잘 할 수 있는 잠재력이나 가능성 혹은 자신이 있다는 식으로 방향을 맞췄다. 아직 우리가 이러한 일을 해본 적이 없어서 잘할 수 있을지 어떨지를 모르기 때문이다. 그래서 이러한 실무능력 중심형 면접을 통해서 지원자가 해당 업무를 직접 체험할 수 있는 기회를 주는 것이다.

영업이나 마케팅, 연구개발 등 직무별로 세미나나 합숙 훈련을 통해서 실제 직무를 경험하게 된다. 영업의 경우에는 현재 근무자와 함께 거래처나 매장 등 여러 현장을 2일 동안 함께 다니면서 고객들을 직접 만나보게 된다. 이러한 면접을 통해서 지원자의 실무적인 지식이나 일에 대한 관심도, 열정 등을 면밀하게 관찰하는 것이다.

실제로 이와 비슷한 현장 체험을 해본 후에 진로를 급 변경한 지원자를 많이 만나봤다. 꿈과 현실은 다르다는 것을 알게 되었을 것이며, 자신의 적성이나 역량이 해당 업무와 잘 맞지 않을 수도 있다는 것을 깨달았을 것이다. 하지만 반대로 이러한 체험을 해본 후에 관심과 열정이 더 커지는 경우도 있다. 물 만난 고기처럼 현장에서 더 활발하게 움직이거나 직무를 즐기고 있다는 모습을 보여주게 된다면 실무능력 중심형 면접에서 성공할 확률이 높다.

✵ 직군별로 세분화된 면접

앞에서 설명한 모든 면접의 방식은 직군별로도 달라지게 된다. 약 60% 정도의 대기업이 합리적이고 실용적인 면접의 형태를 취하고 있다. 굳이 영어사용이 빈번하지 않은 직군에서 영어면접을 강화할 필요는 없다. 상대적으로 영어가 중요하다고 생각되는 마케팅이나 기획, 홍보 등에서는 영어면접을 강화하고, 그 밖의 직군인 연구개발이나 생산관리, 영업 등에서는 일정 수준 이상을 기대하지 않는다. 외국계 기업의 경우에도 마찬가지이다. 해당 부서에 외국인 근무자가 있는 경우라든가, 업무상 해외 본사와 연락이 잦은 경우를 제외하고는 아주 높은 수준의 영어 구사 능력을 요구하지 않는 방식으로 변화하고 있다.

산업별로도 마찬가지이다. 기계/철강/자동차, 조선/중공업, 금융, 전기/전자, 석유/화학 순으로 영어면접을 중요시하고 있으며, 건설, 유통/서비스, IT/정보통신 순으로 영어면접에 대한 중요도를 낮게 잡고 있다.

　비단 영어면접만이 아니다. 인/적성 검사, 토론면접, 실무체험 등 역시 해당 직군에 따라서 유기적으로 변화하며 최적의 인재를 선별하기 위한 과정을 진행하고 있다.

셀프 점검표 23

최근 변화된 면접의 유형에 익숙한가? 지금까지 어떤 유형의 면접을 경험해 보았으며, 어떤 면접에 자신이 있는지 혹은 없는지를 점검해 보자. 각각의 면접에 대비하기 위하여 어떤 노력을 기울이고 있는지도 함께 되돌아보면 좋을 것이다.

직무를 분석하라

앞장 '전략'에서 지원 회사마다 다른 전략에 집중하라고 설명하였다. 그 이유는 동일한 직무도 기업의 특성에 따라 다르기 때문이다. 기업들 역시 직무를 직접 체험할 수 있는 면접을 도입하고 있다고 바로 앞에서도 말하였다. 그렇다면, 이 직무라는 것에 대한 정보도 우리에게는 꼭 필요하다는 증거이다.

직무를 알면 해당 직무에 따라서 취업 경쟁력을 챙겨 놓을 수 있다. 적성에 맞는 일인지 아닌지도 미리 확인해 볼 수 있고, 그에 따라서 본인에게 맞는 정확한 목표를 설정할 수 있다는 장점이 있다. 그렇다면, 이 직무에 대한 정보는 어디에서 찾아볼 수 있을까?

자신이 지원하고자 하는 회사에 대한 직무는 역시 해당 기업의 홈페이지에서 가장 많은 정보를 얻을 수 있다. 해당 기업 홈페이지의 채용에 대한 페이지를 들여다보면 그 직무가 실제로 어떤 종류의 업무들을 수행하는 것인지 상세하게 설명해준다. 그 외에 취업관련 사이트나 카페, 커뮤니티 등에서도 관련된 정보를 충분히 얻을 수 있다.

하지만 여기까지는 조금의 시간과 노력만 들이면 누구든지 알아낼 수 있는 정보이다. 따라서 경쟁자에 비하여 조금 더 고급 정보를 원한다면 지인을 활용해보자. 해당 회사나 동종 업계의 다른 회사에서 혹은 비슷한 직무를 수행하고 있는 지인을 찾아서 직접 만나 여러 가지 궁금한 것들을 물어볼 수 있다. 지인으로 어렵다면 지인의 지인, 또 그 지인의 지인을 활용할 수 있는 적극성을 보여야 한다. 일반적인 정보와 고급 정보는 누가 더 발품을 많이 팔았는가에 따라서 차이가 나는 것이니까.

❀ 직무에 따라오는 기업의 인재상

이렇게 기업의 직무를 분석하다 보면 자연스럽게 그 기업의 인재상이나 비전, 철학 등을 살펴볼 기회를 가지게 된다. 실제로 면접을 앞두고 있는 지원자는 신입, 경력 할 것 없이 기업의 인재상이나 비전 등을 꼼꼼하게 살피면서 대비한다. 면접에 대한 경험이 한 번이라도 있는 지원자들을 신입, 경력을 막론하고 다시 면접 전으로 돌아간다면 지원회사의 홈페이지를 통하여 비전과 인재상 등을 꼼꼼하게 살피겠노라고 입을 모아 이야기한다. 지원회사의 인재상을 꼼꼼하게 챙기지 못해서 면접에서 그만큼 불이익을 당했다는 것을 방증한다.

물론 기업들의 인재상은 모두 제각각이다. 산업별로 본다면 서비스 업종의 경우에는 당연히 고객 중심적인 마인드를 중시하고, 제조업은 도전 정신에 가치를 두고 있다. 금융업은 아무래도 돈을 다루는 직업인 만큼 정직이나 신뢰와 같은 단어를 내세운다. 또한 글로벌 마인드나 사고 역시 여러 산업에서 포함시키고 있는 대표적인 인재상이다.

이러한 인재상 중에서도 최근에 떠오르는 키워드를 찾아볼 수 있는데, 그것은 바로 창의성과 도전 정신이다. 기타 내용으로는 전문성, 글로벌 역량, 화합, 실천 정신, 책임감 등이 있다. 아무리 경쟁력이 뛰어난 인재라고 하더라도 기업의 인재상과 부합하지 않는다면 인사 담당자나 면접관에게 어필하는 것이 쉽지 않다고 취업 전문가들은 입을 모은다. 이 중에서도 창의성은 국내 30대 그룹 중 21개 사가 자신들의 인재상에 포함하고 있는 단어이다. 필자가 만나본 한 대학생의 경우에는 객관적으로 보여지는 경쟁력은 아주 뛰어났지만 대기업의 최종 면접에서 번번히 탈락하였다. 나중에 그 학생은 지인을 통하여 자신이 탈락한 이유를 듣게 되었는데, 바로 그가 너무 평범하고 창의성이 떨어지는 인재라는 것이다.

사실 이 창의성이라는 것의 개념이 모호하다. 객관적으로 지원자의 창의성을 평가할 수 있는 시험이나 방법이 부족하기 때문이다. 기업에서 창의성을 판단하기 위하여 행하고 있는 것은 자체적으로 만든 인/적성 검사나 면접에서 시행하는 독특한 질문의 유형들이다. 예를 들면 단순하게 특정 제품의 장점과 단점을 설명하라는 식의 질문이 아니라 경쟁사보다 가격이 1만 원 더 비싼 비슷한 자사 제품을 어떻게 판매할 것인가의 질문이 되겠다. 하지만 이러한 검사나 질문 역시 창의성을 콕 짚어서 판단하기에는 다소 무리가 있어 보이기는 하다.

이런 이유로 신입 지원자들은 어떻게 하면 창의성이 뛰어난 인재로 보여질 수 있을까를 고민하고 있지만 기업의 인사 담당자들의 말을 빌리자면 창의성이 뛰어난 인재로 보여질 수 있도록 지원자의 입장에서 준비할 수 있는 것은 사실 거의 없다. 지원자의 입장에서 최대한으로 준비를 할 수 있는 부분은 주어진 답변에 새로운 시각으로 메시지를 전달하는 방법을 연구하는 것이다.

실제로 기업들이 원하는 창의성이라고 하는 것은 무조건 튀거나 엉뚱하거나 특이한 것이 아니다. 단순하게 독특한 것보다 주어진 문제를 깊게 생각하고 새로운 길을 찾아서 시도해볼 수 있는 능력을 가진 사람이 기업이 원하는 창의성을 갖춘 사람이다. 이러한 과정을 통해서 주어진 문제를 새로운 시각으로 보고 창의적인 사고와 계획을 실제 업무에 적용할 수 있는 가능성이나 잠재력이 있는 인재를 찾는 것이다.

맨 처음 누군가가 A라는 일을 하기 위해서 B라는 도구를 사용했다. 그 다음으로 그 일을 물려받은 사람은 아주 자연스럽게 A라는 일을 하기 위해서 B라는 도구를 사용했다. 그런데 그 다음 사람은 C라는 도구를 한번 사용해 봤는데 시간을 더 단축할 수 있었다. D라는 도구로 시도를 해보니까 A의 질이 훨씬 더 좋아졌다. 결국 그는 C와 D를 통합하여 CD라는 도구를 만들어서 A라는 일을 하기에 이르렀다.

자신만의 방법으로 문제를 풀어 나가는 방법, 남들이 시도해 보지 않았던 것을 시도해 보는 도전 정신, 새로운 시각에서 문제를 보려는 노력. 이러한 모든 것들이 통합이 되어서 한 지원자의 창의성을 만드는 것이다.

한 글로벌 기업의 CEO는 창의성을 차별화라고 정의한다. 단순하게 이력서나 자기 소개서, 면접에 대비하는 차별화보다 우선적으로 자기 자신의 무엇이 특별한지 볼 것을 권유한다. 결과적으로 여러분의 무엇이 특별한지를 깨닫게 되면 여러분이 누구이고 무엇을 하고 싶어 하는지도 자연스럽게 파악할 수 있으며, 이러한 깨달음의 과정을 통해서 창의성을 키워 나갈 수 있다고 한다. 이런 맥락으로 본다면 지금까지 우리가 자신과 적성, 자격에 대해서 알아보고 전략을 만드는 모든 과정도 바로 우리의 창의성을 키워 나가는 방법이 될 수 있다고 필자는 굳게 믿는다.

셀프 점검표 24

내가 지원하고 있는 직무는 어떤 일을 하는 것인가?

내가 지원하는 회사의 인재상을 알아보자.

창의성 있는 인재로 보이기 위하여 나는 어떠한 노력을 하고 있는가?

그 밖의 정보도 챙기자

필자는 영어면접을 준비하는 신입과 경력들을 돕고, 실제로 모 기업 영어면접의 면접관으로 활동하면서 대기업과 외국계 기업에서 가장 많이 출제되는 단골 영어면접 질문들을 다음과 같이 정리해볼 기회가 있었다.

대기업 (가장 빈도수 높은 질문)	자기소개, 장/단점, 지원동기, 학교소개, 취미/특기, 영화, 책, 운동, 가족, 시사
대기업 (영어가 상대적으로 중요한 직군)	가장 빈도수 높은 질문 + 회사에 대한 정보, 전공 활용도, 지원분야 이해정도, 관련경험
외국계 기업	모든 대기업 질문 + 본인이 제출한 자기 소개서의 모든 내용

이 중에서 메이저급에 속하는 자기소개나 장단점, 지원동기, 디테일에 속하는 학교소개, 전공, 회사정보, 관련경험, 그리고 마이너급에 속하는 취미/특기, 영화, 책, 운동, 가족 등은 우리가 이미 앞에서 한 번씩 짚어 보았다. 그런데 이 중에서 시사문제는 아직까지 우리가 자세하게 알아보지 못하였다.

시사문제는 개별 면접에서뿐만 아니라 집단 토론 면접, 영어 토론 면접 등 여러 형태의 면접에서 단골로 등장한다. 하지만 시사적인 문제는 한두 가지가 아니라서 도대체 어떤 시사문제에 집중해야 하는

지 파악하는 것이 쉽지 않다. 시사문제를 대비하기 위해서는 매일 신문을 탐독하고 뉴스를 보면서 시사와 경제 등에 대한 소견을 정리할 수 있을 정도의 정보를 얻는 것이 중요하다. 정보가 부족한 경우에는 관련 서적이나 인터넷 등을 활용하여 일반적인 상식을 쌓는 것도 도움이 된다.

그리고 나서 이슈 한 가지를 선택하여 다양한 형태로 분석하고 정리하는 연습을 하는 것이 중요하겠다. 앞에서 알아본 창의성을 키워가는 과정이라고 생각해도 좋을 것이다. 이러한 이슈를 가지고 찬반 토론을 하게 되는 경우도 있을 수 있고, 단순하게 개인적인 의견을 묻는 경우도 있을 수 있다. 따라서 하나의 이슈가 어떤 형태의 면접에서 어떻게 작용하는지를 파악해 두는 것이 좋다. 거기에 맞춰서 예상 질문을 만들고, 발표하는 태도나 의견을 전달하는 기술을 연습을 통하여 익혀 가면 된다.

신문을 통해서 수집할 수 있는 또 하나의 정보는 바로 지원 회사에 대한 정보이다. 물론 지원 회사의 홈페이지나 취업 카페 등에서도 정보를 얻을 수는 있지만 한계가 있으며, 대부분이 지원자의 입장이 아닌 회사의 입장에서 만들어진 주관적인 정보일 확률이 높다.

지금 지원하는 회사가 어떤 새로운 사업을 시작하게 되었다는 식의 결과만 보는 것이 아니라 처음에 왜 그 사업을 시작하려고 했고, 누구와 함께 일했으며, 어떤 식으로 사업을 이어오게 되었는지, 그리고 내가 일하고자 하는 분야를 맡은 사람들은 그 새로운 사업을 위해서 어떤 일을 담당했는지, 앞으로 이 사업이 어떤 식으로 전개될 것인지 등에 대한 그림을 볼 수 있다.

이렇게 나에게 유리한, 그리고 스스로 판단을 내릴 수 있을 정도의 정보를 수집한다면 보다 이성적인 판단을 내릴 수 있을 것이다.

셀프 점검표 25

시사 이슈를 하나 뽑아서 다양한 면접에 대비하여 보자. 찬반의견과 개인적인 의견 등을 정리해 보자.

지원회사에 대한 정보를 신문기사에서 뽑아 정리해 보자.

6 정성

숨은 그림 찾기를 하지 마라

정성껏 관리하라

자기 계발도 정성의 한 부분이다

6 정성(Sincerity)

숨은 그림 찾기를 하지 마라

정성을 다했는지 돌아보는 과정은 다분히 주관적이다. 그래서 더 점검이 어려울 수 있다. 객관적으로 점검한다면 취업의 성공과 실패를 바탕으로 정성을 판단해 볼 수도 있을 것이다. 하지만 정성을 다했다고 모든 도전에서 성공을 할 수 있는 것은 아니다. 최소한 지금의 취업 시장에서는 그렇다.

정성을 다했다는 것은 최선을 다했다는 말로 바꾸어볼 수 있겠다. 어떤가? 지금까지 정성을 다해온 것 같은가? 모든 도전에 최선을 다해와서 일말의 후회도 남지 않았는가? 지금까지 5개의 'ㅈ' 이야기를 통해서 여러분들의 취업 경쟁력을 점검해 본 후에도 역시 그렇다고 생각을 하는지 궁금하다.

지금까지 서류전형이나 면접의 결과들이 나쁘지 않다고 판단된다면 계속적으로 밀고 나가도 괜찮을 것이다. 몇 군데의 회사에 이미 붙었지만 가지 않았을 수도 있다. 혹은 서류 전형에 합격해 놓고 면접에 참석하지 않았을 수도 있다. 이러한 모든 것들이 전략을 세우기 위한 일환이었다면, 궁극적으로 더 큰 성공을 위한 과정의 하나로 볼 수 있다면, 그리고 정성을 다한 과정이었다면 나쁘지는 않다고 필자는 믿는다.

최종 면접에서 자꾸만 주저앉고 마는 사람도 있을 것이다. 그 전까지는 나름대로 경쟁력 있는 지원자로 비춰졌다는 뜻인데 최종적으로 선택이 되기 위한 무엇인가가 아직 조금 부족하다는 의미일 것이다. 최종 면접의 경우에는 보통 임원급 이상의 면접관이나 기업의 사장이 직접 진행을 하는 경우가 대부분이다. 그 전까지는 인사 부서나 지원 부서의 실무진들이 지원자의 스펙에 집중하여 지원자를 판단하게 된다. 하지만 최종 면접을 진행하는 임원진이나 사장의 경우에는 지원자의 됨됨이나 정말로 이 사람이 자기네 회사와 맞을 것인지 그 궁합을 판단해 보려고 한다. 최종 면접에서 지원 동기나 입사 후 포부 등의 질문이 많이 나오는 것이 이를 증명한다. 이러한 질문을 바탕으로 앞에서 우리가 알아본 인재상과 비교를 해보는 작업이라고 볼 수 있겠다. 따라서 최종에서 자꾸만 미끄러지는 경우에는 좋은 인재이기는 하지만 자기네 회사와 맞는 인재는 아니라는 뜻이다.

서류전형은 괜찮은데 면접에서 다음 단계로 더 이상 가지 못하는 경우도 많다. 이것은 여러분의 전략에 문제가 있다는 뜻인데, 앞의 4장의 '전략'에서도 필자가 언급하였다. 바로 여러분들이 전략을 잘 세워서 서류에서 합격했음에도 불구하고 면접에서 그 전략을 제대로 이어가지 못한 것이다. 여기에는 여러 가지 이유가 있을 수 있는데 자신이 세워둔 전략 이상의 메시지를 새롭게 전달하려다가 실패를 하는 경우가 가장 많다. 이력서나 자기 소개서에서 이미 전달한 메시지 이상의 무엇인가를 새롭게 전달해야만 한다는 강박관념으로 인해서 새로운 정보를 전달할 때 메시지의 방향을 조금 틀어 버리게 되는 것이다. 시작 지점에서 1도만 벗어나도 메시지는 면접관이 전달받을 때 100도 이상 틀어지게 되는 경우가 생기기 때문이다.

자신이 세워둔 전략을 잘 이해하지 못하는 경우도 생각보다 많다. 이런 경우에는 나름대로 전략을 세운다고 작성해서 서류 전형을 합격하기는 했지만 전략이 잘 먹히지 않은 경우이다. 전략이 잘 먹히지 않았다고 해서 서류 전형에서 탈락만 하는 것은 아니다. 왜냐하면 수많은 지원자들을 만나오고 있는 인사 담당자의 날카로운 분석과 시선으로 여러분들이 가능성 있는 지원자로 비춰졌을 수 있기 때문이다. 이렇게 해서 면접의 기회가 주어졌지만 역시 전략이 잘 세워져 있지 않기 때문에 면접관의 기대에 전혀 부응하고 있지 못하는 것이다.

필자는 이것을 숨은 그림 찾기라고 부르는데, 그 이유는 여러분들이 경쟁력을 이력서와 자기 소개서, 그리고 면접 속에 꽁꽁 숨겨 놓기 때문이다. 여러분들이 작성하는 이력서와 자기 소개서를 보면 충분한 경쟁력이 있을 만한 이야기가 상당히 많이 포함되어 있다. 하지만 이러한 이야기를 본인의 강점으로 내세우지 못한다. 이야기가 꽁꽁 숨어 있거나, 아주 적게 언급되어 있거나, 구체적인 설명이 달려 있지 않다. 그리고 그 경쟁력에서 벗어나는 전혀 다른 이야기들이 주 내용이 되고 만다. 여러분들이 지원하고자 하는 마케팅 혹은 생산관리 등의 직종을 분석하여 도대체 어떤 정도의 자질을 갖추어야 지원이 가능한지 알고서 작성했는지, 내가 지원하는 회사에서 나온 채용 공고에 어떤 내용들이 담겨 있는지를 분석하고 그것에 맞추어서 나의 경쟁력을 풀어 놓았는지 의심이 든다는 것이다.

이렇게 작성해 놓고 자신은 마케팅에 관심과 열정이 있다고 말한다. 본인의 장점이 무엇인지 분석도 하지 못한 채, 심지어는 그러한 내용들을 가지고 있음에도 불구하고 전혀 내세우지 못한 채 마케팅을 하기 위해서 공부하고 경험했다고 말한다. 이게 정성이 느껴지겠는가? 정말로 관심과 열정이 있는 사람처럼 보여질 수 있겠는가? 최선을 다한 과정이라고 보는가?

인사 담당자나 면접관이 숨은 그림 찾기를 하도록 만들지 말기 바란다. 숨어 있는 그림을 모두 찾아서 그것이 어디에 있는지, 그리고 어떤 그림인지를 정확하게 알려 주어야 한다. 그것이 여러분들의 정성을 보여 주는 가장 효과적인 방법이다.

🏵 이력서 작성의 목적은 무엇인가?

여러분들은 이력서를 작성하는 목적이 무엇이라고 생각하는가?

면접에 대한 비중과 중요성이 날로 높아지고 있는 지금 이력서의 목적은 면접을 보기 위한 티켓을 따내는 정도로 생각하면 어떨까 한다. 실제로 서류 전형을 통과하게 되면 그때부터 진정한 경쟁인 면접이 시작되는 것이니까 말이다. 그런데 최근 들어서 이력서를 단순하게 제출하는 데 목적을 두는 경우가 상당히 많아 보이는 것 같아서 필자가 싫은 소리를 좀 하려고 한다.

이력서 제출에 목적을 두는 이유는 묻지마 입사와도 어느 정도 관련이 있다. 일단 채용 공고가 나오면 마구잡이식으로 제출을 하고 기다리는 것이다. 이렇게 하면 나중에 어디에 지원을 했고 어디에서 면접을 보라고 하는지도 확인하기 어려울 때가 생긴다. 실제로 면접을 보러 오라고 연락을 받았는데, 본인이 그 회사에 이력서를 제출했는지조차 기억하지 못했다는 지원자도 많이 보았다.

또 다른 이유는 심리적인 안정감을 찾고자 이력서 제출에 목적을 두고 있다고 본다. 이 친구, 저 친구 모두 그 회사에 이력서를 제출했다는데, 나도 한번 해볼까나? 제출해서 안 되면 그만이고 되면 면접까지 보는 거고, 운 좋으면 입사까지 할 수 있겠지. 또는 미리 준비하지 못하고 마감 전날 이력서를 확인하고 부랴부랴 준비하여 제출하는 경우도 많을 줄로 안다. 이런 경우 역시 내가 이 회사에 이력서를 제출했다는 안도감을 찾기 위하여 무조건 제출하는 데에만 신경을 쓰게 된다.

지인을 통하는 경우도 마찬가지이다. 일단 작성하여 제출만 하게 되면, 회사 측에서 알아서 진행이 될 것이라는 굳은 마음가짐으로 이력서를 작성한다. 제출만 하고 본인이 할 일은 다 했다고 안도하게 되는 것이다.

필자는 이력서 컨설팅을 하면서 위와 같은 케이스를 수도 없이 많이 보아왔다. 오늘이 마감인데 지금 당장 이력서를 쓰는 것을 도와달라고 한다. 그런데 문제는 아직 아무것도 작성해 놓은 것이 없다는 것이다. 자기는 마음이 급하니 지금 전화로 불러주는 혹은 이메일로 간단하게 작성한 내용을 토대로 훌륭한 이력서와 자기 소개서를 만들 수 있게 도와달라고 한다. 합격이 아니라 제출에 목적을 두고 있다고 밖에 생각할 수 없는 상황이다.

나는 S그룹에 이력서를 제출했었는데 떨어졌다. 세계적으로 유명한 I라는 회사에 영문 이력서를 냈는데 떨어졌다. 결과는 '떨어졌다'이다. 제출했다가 떨어졌다는 것은 지금 본인에게 아무런 도움이 되지 않는다. 물론 정성껏 작성하고, 노력하고, 분석하여 제출했다가 떨어진 후에 본인의 실패를 분석하면 된다. 그런데 문제는 묻지마 지원으로 혹은 심리적인 안정감을 찾기 위해서 그냥 제출하고 떨어진 후에 나는 내가 할 수 있는 것을 다 했노라고 위안을 한다는 것이다. 그런 방법으로는 실패를 분석할 수 없고 차후에 더 좋은 내용의 이력서를 절대로 작성할 수 없다.

필자는 한국 축구를 대단히 사랑한다. 2002년 좋은 성적을 거둔 이후로 많이 발전했다고 생각하는데 그 이전의 한국 축구는 솔직히 실망스러운 부분이 없지 않았다. 필자가 가장 실망스러웠던 부분은 골을 넣겠다는 확고한 목표 의식이 보이지 않았다는 것이었다. 측면 돌파를 해서 센터링을 올리고 중앙에서 골을 넣으려고 하는 반복되는 동작이 상당히 수동적으로 보였다. 반드시 골을 넣겠다는 목표보다는 90분 시간을 채우려고 동일한 동작을 반복적으로 행하고 있다는 느낌이 든 것이다. 제출에 목적을 두고 이력서를 작성하는 것과 크게 다르지 않다고 본다.

야구에서 9회말 마지막 공격에 4점 정도를 뒤지고 있으면 그 게임은 포기하고 다음 번 게임을 준비한다고 한다. 하지만 끝까지 포기하지 않고 적극적으로 마지막 공격에 임하는 팀이 있다. 그저 그렇게 나와서 3아웃을 채우고 그 경기를 포기하는 수동적인 모습이 아니라, 끝까지 해서 역전을 시키겠다는 확고한 목표를 가지고 공격에 임하는 것이다. 이론적으로 9회말에 4점 이상을 역전시키는 것이 충분히 가능하고, 그러한 예도 분명히 있다. 그렇다면 안 된다는 것은 없다. 한번 해보면 되는 것이다. 그러한 행동에는 분명 정성이 뒷받침되어 있다.

본인 스스로에게 안도감을 주기 위해서 땀방울이 담기지 않은 이력서를 제출하지 말기 바란다. 내 땀이 한두 방울 더 들어갔으면 합격했을지도 모르는 이력서를 그냥 그렇게 제출하지 말기 바란다. 이력서 많이 제출했다고 구직 활동을 잘 하고 있는 것도 아니고, 포인트를 쌓아서 써 먹을 수 있는 것도 아니다. 그냥 한 개만 걸려라 하는 식의 생각은 더더욱 금물이다.

다시 강조를 하지만 내가 조금만 더 신경을 쓰고 시간을 투자했다면, 나는 지금 S라는 회사에서 일하고 있을지도 모른다. 그렇지 않다고 하더라도 실패를 분석하여 그 다음 번 회사에서 일하고 있을지도 모른다. 시간을 훨씬 더 앞당길 수 있다. 조금 더 빨리 원하는 회사에서 일할 수 있는 것이다.

❸ 내 마음에 드는 자기 소개서를 제출하라

자기 소개서를 제출할 때에도 내 마음에 드는 내용으로 제출해야 한다. 그 이유는 다음의 세 가지로 설명할 수 있다.

첫째, 나를 가장 잘 전달할 수 있다. 자기 소개서는 자신을 소개하는 문서이다. 자신은 자신이 가장 잘 알고 있다. 누가 대신 작성해주거나 남의 이야기를 대신 적용시킬 수 없다. 그렇게 되면 진정한 의미의 자기 소개서가 탄생하지 않을 확률이 높기 때문이다. 샘플을 보아도 그저 샘플로만 간주해야지 많은 부분을 적용시키거나 인용하게 되면 자신의 이야기에서 벗어날 수 있다.

필자는 수년간 엄청나게 많은 분량의 자기 소개서를 읽어왔지만 그 문서 1장을 가지고서 한 개인을 100% 이해할 수는 없다. 따라서 한 개인과 많은 대화를 통하여 그 사람을 알아가는 시간을 가지려고 노력한다. 하지만 이렇게 이야기를 나눌 수 있는 것은 면접에서나 가능하다. 면접으로 가기 위해서는 어찌되었든 서류 전형이라는 과정을 통과해야만 하고, 그러하기 위해서는 자기 소개서라는 문서를 통해서 자신을 최대한 알려야 한다. 나를 가장 잘 전달할 수 있는 이 문서에 정성을 들여야 하는 것은 너무나도 당연하다.

둘째, 스스로 만족할 수 있다. 여러분들은 친구, 선배, 교수님, 취업 카페 등을 방문하여 본인의 취약한 부분에 대한 조언을 구하곤 한다. 물론 이것은 좋은 자세이다. 자기 소개서는 어차피 받는 사람 위주로 작성되는 문서이기 때문에 남들의 입에서 나오는 이야기가 가장 리얼한 의견이 될 수 있다.

하지만 이러한 조언을 무조건적으로 따라갈 필요는 없다. 왜냐하면 그 의견에 내가 동의하지 않을 수 있기 때문이다. 그리고 그들도 취업 전문가들은 아니기 때문이다. 내가 가장 자신이 있고 가장 공을 들인 문장에 대해서 좋지 않은 의견들이 많다면, 그 문장을 뺄 것이 아니라 다시 손을 보아서 전체적인 구성과 조화시킬 필요가 있다. 왜냐하면 이 부분을 빼고 제출하게 되면 자기 스스로 만족할 수 없기 때문이다.

필자 역시 자기 소개서 컨설팅을 제공할 때 필자의 의견을 우선 전달한다. 그리고 필자의 의견을 무조건적으로 따르지 말고 스스로 결정을 하라고 말한다. 그 이유는 역시 본인이 좋아하고 자신이 있어 하는, 그러니까 꼭 살렸으면 하는 문장을 유지하기 위함이다. 다소 잘못되거나 부정적인 느낌을 없애고 최대한 전체와의 조화를 이루려고 노력한 이후에 그 문장의 생존 여부를 주인에게 맡기는 것이다. 여러분이 가장 자신이 있었던 그 문장이 여러분 자기 소개서의 핵심일 수도 있다.

내 마음에 드는 자기 소개서를 제출하지 않으면 스스로 만족을 할 수 없다. 자신감이 떨어질 수도 있다. 후회하게 될 수도 있다. 내 마음에 썩 들지 않은 채로 제출하게 되면 기분이 깔끔하지 않다. 또한 면접에 가서도 무엇인가 내가 완벽한 상태를 갖추지 못하고 있다는 느낌이 들 수 있다. 그리고 면접에서 추가적인 새로운 정보를 전달하려는 욕심으로 인하여 전체적인 전략에 좋지 않은 영향을 끼치게 될 수도 있다.

셋째, 스스로 깨달을 수 있다. 자, 이렇게 해서 마음에 드는 자기 소개서를 제출했다. 그런데 결과가 좋지 않았다. 그러면 마음에 드는 자기 소개서 중에서 어떤 부분에 문제가 있는지를 더 빠르고 쉽게 알아낼 수 있다. 다른 사람의 의견을 듣거나, 샘플을 활용해서, 그리고 인터넷에 돌아다니는 문장을 삽입해서 제출한 자기 소개서는 나중에 분석이 어렵다. 왜냐하면 100% 나의 이야기가 아니기에 내가 어떤 부분이 취약한지 알아내기가 쉽지 않기 때문이다.

남의 의견을 듣고 샘플을 활용하여 제출한 자기 소개서가 마음에 드는 자기 소개서라고 말하는 사람도 있을 것이다. 조화가 잘 되지 않는 문장을 억지로 우겨서 넣은 후에 이게 마음에 드는, 내가 가장 자신이 있는 내용이라고 말하는 사람도 있을 것이다. 다 좋다. 나중에 실패를 정확하게 분석만 할 수 있다면 말이다. 하지만 그렇게 되는 일은 거의 없을 것이라고 필자는 강력하게 주장한다.

인터넷에 돌아다니는 소위 취업에 성공했다는 자기 소개서들은 본인의 입장에서 봤을 때는 남들 소개서이다. 남들이 작성한 소개서인 것이다. 이것을 자신의 자기 소개서에 적용한다고 해서 그것이 성공을 보장할 수 있겠는가? 하루에도 몇십 통씩의 자기 소개서를 읽어보는 인사 담당자가 이러한 사실을 깨닫지 못하고 있을까?

여러분들이 합격한 자기 소개서를 통해서 얻어야 할 것은 그것이 왜 합격했는지를 분석하는 일이다. 그 사람이 자신의 어떤 부분을 장점으로 내세우고, 어떠한 전략을 활용하고, 어떻게 접근하여 합격했는지 그것을 보아야 한다는 것이다. 나와 그 사람이 다르고, 스펙이 다르고, 생각하는 것이 다르고, 지원 분야가 다르다. 그런데 어떻게 그 사람이 세운 전략이 나에게도 맞을 수 있다고 생각을 하는가? 지금까지 5개의 'ㅈ' 이야기를 통해서 절대로 그렇게 할 수 없다는 것을 충분히 이해했을 것이라고 믿겠다.

자기 소개서는 내가 직접 작성하고, 나의 이야기를 담고, 내가 가장 자신이 있는 내용들로 구성한 이후에 제출하는 것이 올바른 방법이다. 스스로 자신이 있어야 스스로에게 만족할 수 있고 진솔한 이야기를 전달할 수 있는 것이다. 이것이 바로 자기 소개서에 정성을 담을 수 있는 방법이다.

셀프 점검표 26

나는 지금까지 정성을 다해서 구직 활동을 해왔다고 자신할 수 있는지 점검해 보자. 이력서 제출에 목적을 두지는 않았는지, 다른 사람의 자기 소개서를 인용하여 사용하지는 않았는지 되돌아보는 시간을 가져 보자 (문제점을 적어 보고 보완점을 알아보자).

정성껏 관리하라

✿ 자신을 관리하라

서류나 면접 이외에 자신을 정성껏 관리하는 노력도 절대적으로 필요하다. 몇 번의 지원에 덜컥 합격해서 입사에 성공하면 좋겠지만 현실에서는 아무래도 일정 시간 이상의 시간을 필요로 할 것이다. 대학 졸업 후 입사까지 걸리는 평균 시간이 1년 정도임을 감안하면 그만큼 자신을 정성껏 관리하는 것이 얼마나 중요한지 느낄 수 있을 것이다.

따로 누가 여러분들을 관리해 주는 것이 아니기 때문에 꾸준한 건강 관리를 통하여 체력을 기르는 노력이 필요할 것이다. 매일 아침마다 운동을 한다거나 규칙적으로 식사를 하는 등 일단 몸을 건강하게 유지해야만 끝까지 지치지 않고 모든 정성을 쏟을 수 있다. 또한 스트레스를 풀 수 있는 나름대로의 방법을 연구해 두는 것도 좋을 것이다. 계속되는 실패로 인해서 몸은 물론 마음까지도 상처를 받을 수 있다. 따라서 명상이나 독서, 음악 감상 등 여러분들이 취업 실패에서 받을 수 있는 스트레스를 제때 풀어주고 또 다음 번 도전을 할 수 있는 장치들을 마련해 두어야만 한다.

실제로 구직자의 절반 이상이 구직 활동을 시작한 후에 성격이 나빠졌다고 한다. 자주 우울한 기분이 들고 성격이 어두워지거나, 별것도 아닌 일에 쉽게 짜증을 내고, 항상 무엇인가에 쫓기고 있는 기분이 든다고 한다. 무엇보다 큰 문제는 자신감을 잃어버리고, 소극적이거나 무기력하게 자신이 바뀌어 간다는 것이다.

이렇게 성격이 부정적으로 바뀐 가장 큰 이유는 역시 취업 실패로 인한 스트레스이다. 또한 구직 활동의 경우에는 혼자서 진행하는 경우가 많기 때문에 더더욱 그럴 것이다. 이런 바뀐 성격은 당연히 취업에 아무런 도움을 주지 않는다. 이처럼 심리적인 부담감을 가지게 되면 다음 번 지원을 준비하는 데 치명적인 영향을 끼칠 수 있는데, 취업을 서서히 포기할 수 있기 때문이다. 따라서 실패를 통하여 배우고, 다음 번 성공을 위하여 반드시 거쳐야만 하는 과정이라는 긍정적인 생각을 통하여 심리적인 부담감을 떨쳐 내도록 하자.

성격이 오히려 더 긍정적인 측면으로 바뀐 경우들도 있다. 자신의 성격을 더 철저하게 관리하기 위한 시간을 보내기 위해서 정성을 다했다는 것을 알 수 있다. 또 전략적으로 희망 기업의 인재상에 맞게 자신의 성격을 개조하였다는 열정이 가득한 경우들도 있다. 자신을 정성껏 관리하는 것이 구직 활동에서 얼마나 중요한지를 아주 잘 보여주고 있다.

⊛ 계획을 관리하라

지금 여러분들이 취업을 준비하고 있는 이 시간은 단지 이력서를 작성하고 면접을 대비하는 시간이 아니다. 이 시간은 여러분들의 미래를 결정해줄 수 있는 아주 귀중한 시간이다. 따라서 지금 이 시간을 어떻게 효율적으로 활용하는지에 따라서 여러분들이 미래에 근무할 회사가 결정된다고 보아도 과언이 아니다.

나름대로 시간 계획표를 만드는 것이 큰 도움이 될 것이다. 실제로 취업을 준비하는 기간 동안에 하루 일과표를 만들어서 그대로 실행을 하는 방법은 자신에게 동기를 부여하는 데 아주 많은 도움이 된다.

계획표의 경우에는 어떤 방식으로 만들든 크게 관계는 없다. 각자 자신만의 스타일이 있을 테니까 말이다. 하지만 매일 매일 채용 공고를 검색하는 시간은 꼭 정해서 그대로 실행에 옮길 것을 강력하게 추천한다.

채용 공고의 경우에 공채는 그나마 일정 기간 동안 지속적으로 노출되지만 최근에 많이 시행되고 있는 수시 채용의 경우에는 적당한 지원자가 선택되면 바로 자취를 감춰 버리는 경우들도 많다. 상시 채용의 경우에도 마찬가지이다. 일정 기간 동안에 항상 모집을 하는 채용이기는 하지만 이 역시 나보다 조금 더 빨리 정보를 획득하고 이력서를 제출한 지원자가 먼저 검토되기 때문이다. 항상 레이더를 채용 공고에 맞춰 놓고 있어야 한다는 뜻이다.

자신이 지원을 목표로 하고 있는 기업 역시 자신만의 방법으로 정성껏 관리를 해줄 필요가 있다. 단순하게 기업들의 홈페이지 주소를 즐겨찾기 해두는 것을 뛰어넘어서 기업들의 인재상이나 신문 기사, 면접 족보, 새로운 정보 등을 따로 정리해 두는 것이 좋다. 이 역시 매일 매일 신문을 탐독하면서 스크랩을 한다면 시사에 대한 눈도 넓히면서 채용에 대한 기사도 찾을 수 있는 일석이조의 행동이 될 수 있다.

이력서와 자기 소개서를 꾸준하게 관리하는 노력은 두말 할 필요도 없다. 앞에서도 말을 했지만 취업을 준비하여 성공하기까지는 그래도 어느 정도 시간이 걸린다. 그 도중에 이력서와 자기 소개서에 변화가 있을 수 있다. 자격증을 추가적으로 취득했을 수도 있고, 토익에서 더 좋은 점수를 얻었을 수도 있다. 실패한 이력서와 자기 소개서를 분석하여 새로운 방향을 잡았을 수도 있고, 기업체의 사업 방향이 새롭게 생기면서 본인이 작성한 내용에 변화가 생길 수도 있다. 처음 만들어 두었던 이력서와 자기 소개서는 시간이 지나면서 이미 예전의 내용으로 바뀌기 때문에, 이렇게 이력서와 자기 소개서도 꾸준하게 관리해야 한다.

❀ 주변을 관리하라

마지막으로 중요한 것은 바로 여러분들의 주변을 정성껏 관리하는 일이다. 취업 활동을 하다 보면 여러 가지 힘든 일을 많이 겪게 될 것이다. 숨고 싶은 일도 생길 수 있고, 조금 더 나를 되돌아볼 기회를 가질 수도 있다.

비슷한 이유로 취업에 성공할 때까지 양지로 나오지 않고 이른바 잠수를 타는 사람들이 꽤 있는 듯하다. 취업 준비생의 절반 정도 이상이 몇 주에서 길게는 몇 개월 간 잠수를 타본 경험이 있다는 신문 기사를 본 적도 있다. 스스로 이를 악물고 취업이 될 때까지 남들 앞에 나서지 않겠다는 의지일 수도 있지만 대부분의 의견은 주변 사람들이 귀찮거나, 자신이 너무 초췌해져서, 사람들을 만날 돈이 없어서라는 데에 집중되어 있다.

하지만 이런 식으로는 활발한 취업 활동을 지속하기 어렵다. 취업에는 인내가 필요한 만큼 작은 실패에 부딪쳤다고 바로 자신의 문을 닫아버리는 것은 곤란하다. 오히려 문을 열고 더 많은 시간을 다른 사람들과 함께 보낼 필요가 있다. 고민도 풀어 놓고 스트레스도 풀면서 주변 사람들을 적극적으로 활용해 보자. 또한 억지로라도 자신의 외모를 가꾸고 이미지를 꾸준하게 관리하는 효과를 볼 수 있을 것이다.

 나의 취업 경쟁력을 점검해주는 7가지 'ㅈ' 이야기

하지만 이렇게 하려면 평소에 주변 사람들을 잘 관리해 놓았어야 한다. 그래야 내가 힘든 시절을 보낼 때 주변에서 나를 도와줄 수 있는 것이다. 또한 취업은 정보전인 만큼 언제 어디서 자신에게 꼭 맞는 자리를 발견하게 될지 모른다. 내가 현재 구직 중이라는 것을 확실하게 알려주고 정기적인 만남을 통하여 정보를 얻는 활동도 함께 병행하여야 한다. 이런 것이 취업에 있어서 꼭 필요한 인맥 관리인 것이다.

특히 최근에 취업에 성공한 친구들이나 선배들, 내가 목표로 하고 있는 회사나 비슷한 분야에서 근무하고 있는 지인들은 여러분에게 정말로 큰 도움을 줄 수 있다. 여러분이 어떻게 그들을 관리하는가에 따라서 달라질 것이다. 취업을 할 수 있는 경로가 점차 다양해지고 지인을 통한 취업, 내부 추천 등이 활발해지고 있는 요즘 지인을 관리하는 것은 오히려 지원자의 능력으로 간주될 정도이다.

셀프 점검표 27

자신을 관리하기 위하여 어떠한 노력을 하고 있는가?

구직 활동을 관리하는 나름대로의 계획을 세우고 있는가?

어떤 방법으로 주변 지인들을 관리하고 있는가?

 나의 취업 경쟁력을 점검해주는 7가지 'ㅈ' 이야기

자기 계발도 정성의 한 부분이다

자기 계발 역시 빼놓을 수 없는 정성의 한 부분으로 보아야 한다. 직장인의 경우에도 자기 계발에 정성을 다하고 있는데, 그들이 이렇게 자기 계발에 열을 올리는 가장 주된 이유는 언제일지 모르는 이직에 대비하기 위해서이다. 무려 70% 정도에 육박하는 직장인들이 평소 자신의 업무와 관련된 공부에 시간을 투자하고 있다. 스스로 관련 서적을 탐독하거나, 학원에 등록하거나, 지인을 통하여 자신을 꾸준하게 계발하고 있는 것이다. 하물며 처음 직장에 들어가는 신입의 입장에서 자기 계발을 소홀히 한다는 것은 너무 안일한 자세라고 본다.

지금의 대학생들은 절반 조금 넘는 정도가 꾸준하게 자기 계발을 하고 있다고 한다. 이 중에서 절반 정도는 꾸준하게 자기 계발에 시간을 투자하지만 나머지는 그저 생각이 날 때나 시간이 날 때에만 자기 계발에 집중을 하고 있는 추세이다. 역시 글로벌 시대를 대비하기 위하여 외국어에 시간과 노력을 투자하는 학생들이 가장 많았고, 그 다음이 전공 지식이나 학점 관리를 위하여 별도로 자기 계발을 하고 있다. 물론 자격증이나 그 밖에 건강관리, 인맥관리, 외모관리 등 취업과 직접적으로 연결을 지을 수 있는 내용들이 대부분이었다.

자기 계발의 핵심은 꾸준함이다. 영어 공부를 위하여 야심차게 어학연수를 다녀온 이후에 꾸준하게 관리하지 못해서 코앞으로 닥쳐온 영어 면접을 힘들게 준비하는 지원자들을 필자는 아주 많이 보아왔다. 구직 활동의 처음 몇 주간은 열심히 관련 서적을 읽는 등 취업을 준비했지만 이내 지치고 마는 지원자들도 역시 많이 보아왔다. 지식도, 건강도, 인맥도, 외모도 한꺼번에 많은 시간과 노력을 투자할 필요는 없다. 그저 취업 활동을 시작하는 순간부터 합격 통지를 받는 그날까지 조금씩 조금씩 꾸준하게 진행하고 관리하면 된다. 분명히 빛을 보는 날이 올 것이다.

셀프 점검표 26

자기 계발을 위하여 어떠한 노력을 하고 있는지 구체적인 항목을 통하여 점검해 보자.

건강관리 :

인맥관리 :

외모관리 :

지식관리 :

7 즐

지금까지의 인생을 즐겨 왔는가?

구직 활동을 철저하게 즐겨라

앞으로의 커리어 즐기기

7 즐(Enjoy)

지금까지의 인생을 즐겨 왔는가?

어떤가? 여러분들은 나름대로 지금까지의 인생을 즐겨 왔다고 생
각하는가? 물론 그런 부분도 있겠고, 그렇지 않은 부분도 있겠다. 그
럼 우리가 취업용 정보에서 챙겼던 그 시기는 어떤가? 대학시절 이후
부터 지금까지 말이다. 그 부분은 확실하게 인생을 즐겨왔다고 자신
할 수 있는가?

대학시절 이후의 인생을 꽤 즐겨왔다고 자부할 수 있는 사람은 이
력서나 자기 소개서에 작성할 내용이 많은 사람일 것이다. 일반적으
로 보면 그렇다. 많은 대학생들을 만나보면 이력서나 자기 소개서에
작성한 내용이 너무나도 부실해서 컨설팅을 제공하는 필자가 오히려
더 민망할 때가 있는데, 그 중 열에 아홉은 대학시절의 인생을 꽤 즐
기지 못한 것으로 보인다. 실제로 그렇다.

대학시절의 인생을 즐기지 못했다는 것은 비단 이력서와 자기 소개서에 쓸 말이 없다는 것으로만 판단을 하는 것은 아니다. 그들의 목표를 두고 이야기하는 것이다. 정확한 목표가 없기 때문에 거기에 맞춘 과정이 어떤 것인지 알지를 못했고, 그 과정을 모르기 때문에 어떤 노력을 해야 하는지를 알지 못했다. 따라서 어떠한 노력도 하지 않은 채, 심지어는 그 흔한 서빙 아르바이트조차도 하지 않은 채 대학시절의 인생을 보내버리고 마는 것이다.

대학시절의 인생을 즐겨온 대부분의 학생들은 그래도 뭔가가 있다. 물론 대학시절의 인생이 목표로 정한 한 부분에만 집중되어야 하는 것은 아니다. 오히려 목표를 정한 후에 그 목표를 이루기 위해서 해볼 수 있는 가능한 많은 것을 경험하는 시간으로 활용하는 것이 더 현명하다. 하지만 그들은 챙길 것은 알아서 챙긴다. 따라서 대학시절을 충분하게 즐긴 사람들의 인생에서 중요한 몇 가지의 사건을 연결하면 목표에 바로 도달할 수 있는 직선을 만들어 볼 수 있다.

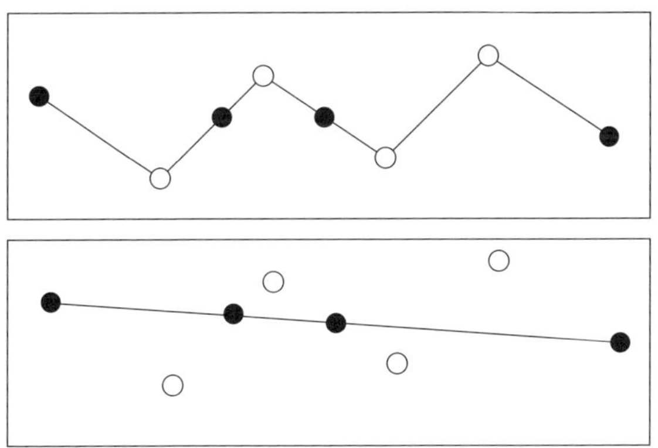

●	현재 지원하는 분야나 직종에 관련된 내용들로 모든 내용을 종합하여 본인의 경쟁력을 만들 수 있다.
○	학력, 경력, 경험 등 어떤 것일 수도 있지만 현재 지원하는 분야나 직종에는 큰 도움이 되지는 않는 내용들이다.

셀프 점검표 28

나는 지금까지의 인생을 즐겨 왔는지 생각해 보자. 대학시절 이후부터 지금까지 중요한 사건을 바탕으로 목표에 도달하는 직선을 만들 수 있는지 점검해 보자.

 나의 취업 경쟁력을 점검해주는 7가지 'ㅈ' 이야기

구직 활동을 철저하게 즐겨라

그럼 조금 더 구직 활동에 포커스를 맞춰 보도록 하겠다. 예전에는 지금처럼 이렇게 빡빡한 느낌은 없었는데 IMF 이후부터 취업이 점차 어려워졌기 때문에 대학에 입학하면서부터 취업을 준비하는 학생들도 많이 늘어나고 있다. 다양한 교육의 장이 되어야 하는 대학에 들어가자마자 자신이 그토록 배우기를 원했던 교육을 받을 기대와 함께 4년 후에 있을 취업을 미리부터 준비해야 하는 현실이 서글프기까지 하다. 하지만 현실인 것을 어쩌겠는가? 물론, 4년 동안 내내 이력서를 작성하고 면접을 보고 채용 공고를 검색해야 하는 것은 아니다. 각 학년별로 전략적으로 준비할 수 있는 행동들을 취해주면 된다.

아무래도 기업들이 경력을 갖춘 지원자를 선호하는 경향은 당분간은 계속될 것으로 보인다. 신입으로 지원하는 지원자에게서조차 관련 실무 경험을 원하고 있다. 그렇게 원하니까 우리가 그렇게 맞춰가면 되는 것인데, 쉽지는 않겠지만 나름대로 계획을 세워서 행동한다면 큰 도움이 될 것이다.

저학년 때에는 목표를 정하는 데 집중하고, 고학년이 되면 본격적으로 취업 시장에 뛰어든다는 것이 큰 그림이다.

> ### 1학년
> 대학에 입학을 하게 되면 전공을 선택하고, 동아리에 가입하고, 자격증도 취득하고, 엠티도 가는 등 대학에서만 맛볼 수 있는 여러 활동에 벅차 있을 것이다. 다 좋다. 하지만 처음 대학 생활을 시작하는 시점에

서 목표를 먼저 정해 둔다면 위에서 말한 모든 활동을 아주 자연스럽게 목표와 연결시킬 수 있다.

잘 모르겠으면 바로 활동을 시작해도 좋지만, 확고한 목표를 정해두고 활동을 시작한 사람들은 시행착오를 줄이고, 그만큼의 시간을 다른 곳에 더 투자할 수 있게 될 것이다. 적성검사나 성격검사 등을 통하여 도움을 받아도 좋다. 가능하면 여러 방법을 동원하거나 대학 취업 지원실 등을 통하여 진로와 목표를 정해두는 시기로 활용해 보자.

2학년

2학년이 되면 본인이 만들어 둔 목표를 이루기 위해서 가능한 한 많은 활동을 전개해야 한다. 본격적으로 전공에 돌입하게 되면서 자신의 목표를 이루는 데 도움을 주게 될 전공을 선택하고 학점을 관리하는 것에 집중하기 시작해야 한다.

최근에는 취업이나 학점에 도움이 되는 실용주의 동아리에 가입하려는 학생들이 늘고 있는 추세이다. 이력서나 자기 소개서에 한 줄의 내용이라도 더 추가할 수 있는 봉사 동아리에 가입을 하거나 전공과의 연관성을 고려하지 않고 재테크 및 공모전 동아리 등에서 활동하는 인원이 점차 많아지고 있다. 이렇게 취업에만 초점을 맞춰서 동아리마저도 선택해야 한다는 것이 너무 빡빡할 수 있지만 현실이 이러하니 어쩌겠는가?

만약에 취업과 다소 관련이 없는 활동을 했다고 하더라도 충분히 전략적으로 맞춰갈 수 있는 방법들은 많다. 영어 동아리의 경우에는 당연히 언어적인 능력 부분을 강조할 수 있겠고, 학술 동아리의 경우에는 발표 능력을 장점으로 내세울 수 있다. 운동을 하는 동아리의 경우에도 협동심이나 단결력, 팀워크 등을 기를 수 있는 좋은 기회를 충분히 제공할 수 있다. 동아리의 꿈과 낭만이 점차 사라지고, 신입생 때부터 취업에만 매달려 대학 생활의 멋을 잃어가는 학생들이 안타깝다는 시선들이 많은 것은 사실이지만, 자신이 충분히 즐길 수 있으면서 취업에도 충분히 활용할 수 있는 동아리를 찾는다면 두 부분을 다 만족시킬 수 있다고 본다.

3학년

3학년 때부터의 행동은 조금 더 구체적이 되어야 한다. 본격적으로 구직 활동을 준비하는 시기라고 볼 수 있기 때문이다. 특히 취업에 도움이 되는 어학 점수나 관련 자격증 등에 시간과 노력을 투자해야 한다. 어학 점수의 경우에는 예전에는 토익이나 토플, 탭스 등이 대세였지만 최근에는 영어 말하기 시험인 OPIc이나 토익 Speaking & Writing 등이 대세이다. 일정 수준 이상의 말하기 점수를 가지고 있으면 영어 면접을 그냥 통과할 수도 있기 때문에, 미리 미리 원하는 점수를 받을 수 있도록 노력하는 것이 좋겠다.

인턴도 이때부터 본격적으로 도전해 볼 수 있다. 인턴은 앞에서도 강조했듯이 실제 직무를 경험함으로써 자신의 적성과 맞는지, 자신의 장점과 단점은 무엇인지 등을 파악할 수 있는 정말로 중요한 체험이 된다. 기업의 입장에서도 마찬가지이다. 미리 일을 시켜봄으로써 어울리지 않는 인재를 채용하는 데 드는 비용과 시간 등을 줄여갈 수 있고, 우수한 인재를 미리 찜해 놓을 수 있다. 이러한 이유로 특정 외국계 기업에서는 인턴십을 통해서만 신입사원을 채용한다. P&G나 로레알 코리아 등은 인턴십 경쟁도 엄청날 정도로 유명하다.

지금 이 시점의 인턴은 신입 채용으로 바로 이어질 수 있는 인턴십이라기보다는 기간이 정해진 단기 인턴십일 확률이 높다. 하지만 졸업 시점이 다가오게 되면 다시 동일한 회사에 도전할 수 있는 기회가 주어질 것이다. 따라서 인턴으로 근무하는 동안에도 성실한 자세를 바탕으로 장래성과 가능성을 보여줄 수 있도록 열심히 일해야 할 것이다.

다양한 인맥을 쌓을 수 있는 경험이라는 측면에서도 인턴십은 상당히 큰 의미가 있다. 내부추천으로 다시 좋은 기회를 얼마든지 가지게 될 수도 있고, 취업을 위한 멘토를 확보할 수도 있고, 나중에 다른 기업에 입사시 추천서 등을 요청할 수도 있게 된다.

그리고 본격적인 취업 동아리 활동을 시작하는 것도 권유하고 싶다. 2학년 때 진행했던 것처럼 동아리 활동을 전략적으로 취업과 연관시키는 것이 아니라 그야말로 취업을 위해서 만들어진 동아리 활동을 말하는 것이다. 이력서/자기 소개서 작성을 위한 모임에서부터 전공 관련 동아리, 어학 점수를 높이기 위한 동아리, 시사/상식 동아리, 특정 기업을 목표로 취업을 준비하는 동아리 등 실제로 상당히 많은 학생들이 취업을 목적으로 하는 동아리, 면접 연습 동아리 등에서 활동하고 있다.

취업을 하는 데 있어서 중요한 정보들을 공유할 수 있고, 나름대로의 취업에 대한 노하우도 공개한다. 자연스럽게 인맥도 형성하면서 더 많은 정보 등을 얻을 수 있다. 반 강제적으로나마 공부를 지속하는 효과도 볼 수 있고, 심리적으로도 많은 도움을 줄 수 있다는 장점들이 있다.

4학년

    4학년이 되면 지난 시간들을 되돌아보는 시간을 가져야 하겠다. 바로 위에서 이야기한 지금까지의 인생을 즐겨 왔는지를 알아본다는 기분으로 각 학년별로 마쳐야 하는 과정을 충실하게 이행했는지를 되돌아보면 되겠다. 과정을 마치지 못한 부분이 많으면 많을수록 4학년이 되어서 본격적인 구직 활동과 함께 수행해야 하는 과정이 많아지기 때문에 그만큼 스스로 피해를 보게 되는 것이다.

    지금 이 서적을 활용하는 것도 지난 시간들을 되돌아보기 위한 좋은 방법이 될 수 있을 것이라고 필자는 믿는다. 그렇게 하라고 이 서적을 집필하고 있는 것이고. 자신의 취업 경쟁력을 분석해보고, 부족했던 부분들에 조금 더 시간과 노력을 기울이면 되는 것이다.

    본인이 입사를 희망하는 기업을 구체적으로 정하여 기업별로 정보를 정리하는 노력은 바로 이 시점에서 해야 할 일이다. 다소 늦은 감이 없지는 않지만 아직까지 적성을 파악하는 데 어려움을 겪고 있다면, 인턴십도 도전해 봄직하다. 그러다가 적성에 맞는다는 판단이 선다면 바로 신입 채용의 길을 열어볼 수도 있는 것이니까.

    여러분은 지난 4년간의 대학 생활을 철저하게 즐겨왔다고 자부하는가? 잠시 잠깐 한눈을 팔았을 수도 있다. 다른 일에 도전하기 위해서 계획을 잠시 뒤로 미루었을 수도 있다. 하지만 최소한 자신이 누구이고, 내가 진정으로 무엇을 하고 싶은지 정도는 알아낼 수 있는 4년의 시간이었으면 한다. 필자는 이런 것을 진정으로 찾아내는 데 많은 시간을 할애해야 할 곳이 바로 대학이라고 믿기 때문이다.

지난 4년간 본인은 취업을 위해서 어떤 계획을 세웠고 실행했는지 확인해 보자. 확인 후 아직까지 미처 챙기지 못한 부분이 있다면 따로 정리해 보자.

1학년 :

2학년 :

3학년 :

4학년 :

아직까지 미처 챙기지 못한 부분 :

앞으로의 커리어 즐기기

마지막 장 '즐' 의 마지막 내용은 앞으로의 인생을 즐기는 것이다. 그리고 앞으로의 인생은 여러분의 커리어와 아주 밀접하게 관련되어 있을 것이다. 우리는 지금 취업을 하는 방법을 알아보는 중이고, 그것이 현재의 상황에서 가장 중요한 사항이 될 것이니까 말이다.

지금까지 열심히 살아오고, 구직 활동을 즐겨서 취업에 성공했다면 당연히 앞으로의 커리어 역시 철저하게 즐기며 생활해야 할 것이다. 앞에서도 여러 번 언급을 했었지만 취업에 성공한 이후에 채 1년도 되지 않아서 또 다른 회사를 찾아 다니는 직장인 중 한 명이 되는 것은 옳지 않으니까 말이다.

자신이 그토록 원했고 꼭 일해보고 싶었던 분야나 회사에 대한 책임감과 사명감을 가지고 자신의 능력을 펼쳐 보여야 한다. 기업은 비영리 집단이 아니다. 돈 주고 나를 산 것이니까 돈 받은 만큼의 값어치는 해야 할 것이다. 학생의 신분이 아닌 기업체의 한 일원으로서 나를 새롭게 발견하고 나의 미래를 준비해야 할 것이다.

지금 여기서부터 내가 어떤 식으로 살아가게 될 것인지는 아무도 알 수 없다. 하지만 계획을 세워볼 수는 있다. 즉, 나름대로의 커리어 패스(career path)를 설계해 두는 것이다. 실제로 경력을 갖춘 직장인들이 커리어를 유지하거나 변화하는 데 있어서 가장 중요한 것이 바로 이 커리어 패스를 설계해 두는 일이다.

만약에 A라는 중소기업에서 커리어를 시작했다면,

A 중소기업 신입 입사 → 4년 → B 대기업 경력 이직 → 4년 → MBA 취득 → 2년 → C 외국계 기업 경력 이직

위와 같은 커리어 패스를 자신만의 방식대로 설계해 볼 수 있다. 이 것은 어디까지나 계획일 뿐이지 반드시 이렇게 움직여야 한다는 뜻 은 아니다. 하지만 자신이 앞으로 나아갈 방향을 정해두고 움직이는 것과 그렇지 않은 것은 확실하게 많은 차이가 나게 된다.

대기업에 처음 입사하게 되었다면,

A 대기업 신입 입사 → 5년 → B 외국계 기업 경력 이직 → 5년 → B 외국계 기업 임원 승진

이렇게 자신이 생각하고 있는 목표를 정해두면 되는 것이다. 커리 어 패스 안에 반드시 이직이 포함되어 있어야 하는 것은 아니다. 한 회사에서 사원부터 시작해서 임원이 될 때까지 계속해서 근무하는 것이 목표라면 커리어 패스를 그렇게 설계하면 된다. 하지만 커리어 패스는 자신의 커리어 상황에 따라서 변화할 수 있다는 점도 인식을 하고 있어야 한다. 말했듯이 앞으로의 일은 그 누구도 장담할 수 없는 것이기 때문에, 내가 설계해 놓은 커리어 패스에서 벗어나는 행동을 하지는 않겠다는 식의 발상은 좋지 않다.

단, 이직을 하거나 다시 공부를 하는 등의 움직임이 커리어 패스에 서 세워 놓은 목표를 이루기 위해서 새로운 과정을 추가하거나 변경 하는 움직임이 되어야 한다는 것은 잊어서는 안 된다. 즉, 자신의 상

황에 따라서 유기적으로 움직이고, 변화에 순응하고, 융통성 있게 사고하되, 정해 놓은 최종 목표를 변경하는 일에는 심사숙고해야 한다는 뜻이다.

최근 한 포털 사이트에서 시간을 되돌리고 싶은 순간이 있는지에 대한 흥미로운 설문조사를 실시했다. 거의 대부분의 대학생들이 시간을 되돌리고 싶은 순간이 있다고 답변을 했는데, 이력서나 자기 소개서를 쓸 때로 다시 돌아가고 싶다는 의견이 상당히 많았다. 그 외에 다른 학교나 전공을 선택하거나, 영어 공부를 해두겠다는 등의 의견도 많은 편이었다.

지금까지 우리가 7가지 'ㅈ'을 통해서 알아본 내용과 상당 부분 일치하고 있다. 거의 대부분의 대학생들이 현재 후회하고 있다. 최소한 앞으로 여러분 앞에 펼쳐지게 될 커리어라는 인생에서는 후회가 없기를 바란다. 절대로 다시 돌아가고 싶은 시간이 없을 정도로 앞으로의 인생을 즐기기 바란다.

앞으로의 커리어를 어떻게 즐길 계획인가? 취업에 성공한 후에 활용할 수 있는 커리어 패스를 설계해 보자.

보너스 'ズ'

직장인 (Office worker): 선배들의 취업 이야기

정자 (Sperm): 용감한 정자 이야기

보너스 'ㅈ'

직장인 (Office worker): 선배들의 취업 이야기

선동렬 현 삼성 라이온즈 감독은 현역시절 국내 프로야구에서 11년간 선수생활을 하면서 홈런을 고작 28개밖에 허용하지 않았다. 그 28개의 홈런 중 첫 번째 만루홈런을 쳤던 선수는 유승안 전 한화이글즈 감독이었다. 유승안 전 감독은 전날 새벽까지 마신 술 때문에 제 컨디션이 아니었고, 더군다나 당대 최고였던 선동렬 감독이 선발 투수였기 때문에 오히려 가벼운 마음으로 경기에 임했다. 그런데 선동렬 감독으로부터 만루홈런을 뽑아내고 말았다. 경기 후 인터뷰에서 유승안 전 감독은 이렇게 말했다.

"그냥 눈을 감고 휘둘렀는데 만루홈런이 됐습니다."

눈을 감고 휘두른 것은 유승안 전 감독이 그 상황에서 할 수 있었던 최선이었는지도 모른다. 어차피 삼진을 당할 바에는 그냥 눈 딱 감고 한번 휘둘러보자는 마음이 있었을 것이다. 만약 삼진이 되었다면 유승안 전 감독은 승부에서 실패한 것이리라. 하지만 결과는 만루홈런이었고, 눈을 감고 휘둘렀다는 것은 나름대로 최선의 방법이었다.

필자는 여러분들을 위해서 만루홈런을 쳐본 사람들, 즉 취업에 성공한 사람들을 만나서 인터뷰를 진행하였다. 이들은 아직 사회적으로 성공한 사람들도 아니고, 업계에서 이름을 떨치고 있는 유명인들도 아니다. 이들은 단지 취업에 성공하여 열심히 직장생활을 하고 있을 뿐이다. 하지만 이들은 취업에 '성공' 했다. 그래서 우리가 배워볼 만한 어떤 것이 있지 않을까 생각한다. 이들의 방법을 따르고 안 따르고는 전적으로 여러분들의 몫이다. 단지 이들을 통하여 이런 방법도 있다는 것을 알려주고 싶을 뿐이다.

그들이 만루홈런을 친 것처럼.

그리고 우리가 지금까지 알아본 7가지 'ㅈ' 이야기가 그들에게 어떤 식으로 도움이 되었는지를 직접 확인해 볼 수 있을 것이다.

■ L 모 국내 대기업의 경력 5년 차 P 대리 (남성)

네, 저는 L 모 그룹의 소비재 용품을 담당하는 사업부의 마케팅 팀에서 일하고 있는 P라고 합니다. 직급은 대리이며 정확하게는 Assistant Brand Manager입니다. 갑자기 자기 소개를 하려니까 면접을 보는 것 같아서 긴장이 되는군요. 하하하.

오래된 기억이기는 하지만 생각나는 대로 말씀을 드리겠습니다. 저의 경우에는 특별하게 무엇을 먼저 했다기보다는 대학을 다니면서 하나씩 하나씩 경험을 쌓으려고 노력했습니다. 학과 공부도 그랬지만 그 밖에 관련 경험을 쌓으려고 여기 저기 기웃거렸죠.

네, 그랬었죠. 그런데 제가 졸업을 할 당시에는 마땅한 공채 자리가 없었습니다. 그래서 일단은 각 광고 대행사의 홈페이지에 있는 인력 풀(manpower pool)에 이력서를 등록하는 것이 제가 가장 먼저 해볼 수 있는 일이었죠. 전공을 살릴 수 있는 가장 최선의 방법이 광고 대행사를 찾는 것은 맞았는데, 솔직히 처음부터 메이저급 광고 대행사에는 들어가기 어려울 수도 있다는 생각을 해두었습니다. 나름대로 차선의 계획을 염두에 두었다고 할까요, 뭐, 제 자신을 변호하고 떨어져도 위로하기 위한 방법을 미리 구축해 두었다고나 할까요?

일단은 기본적인 스펙을 맞추기 위해서 학점 관리에 신경을 썼고요, 토익 점수도 원하는 목표만큼 받아 두었습니다. 그리고 아까도 잠깐 말씀을 드렸지만 이런 저런 관련 경험을 쌓기 위해서 바쁘게 움직였습니다.

아, 이런 질문은 좀 쑥스럽군요. 학점이 그렇게 뛰어난 편도 아니고, 지금에 와서 대학 시절의 학점 얘기를 한다는 게 조금 민망스러운데요. 앞에서 제가 말씀드린 학점 관리는 점수를 잘 받았다는 것보다는 학교 공부와 인턴십을 병행하면서 둘 중 어느 하나도 놓치지 않으려고 노력했다는 말씀이었습니다. 학점은 4.5 만점에 4.1 점이었고요.

네, 인턴십은 모 대형학원의 온라인 강의를 담당하는 회사였는데요, S 모 그룹의 마케팅 페어(marketing fair) 공모전에 참가했던 것이 인연이 되었습니다. 같이 참가했던 선배 중 한 명이 이 대형 학원의 마케팅 부서로 취직을 하게 되면서 저를 인턴십에 끌어 주었습니다.

글쎄요, 그랬으니까 저에게 인턴십 자리를 마련해 주었겠죠? 하하. 어쨌든 그로부터 장장 8개월간 인턴으로 일하기 시작했는데요, 여름 방학을 포함하여 학기 중에도 계속 진행이 되었던 일이었습니다. 앞서 질문을 하셨던 학점 관리에 대한 답변은 지금 드릴 수 있을 것 같군요. 아무래도 학교 수업을 들으면서 방과 후에 일을 한다는 것이 저에게는 그리 쉽지만은 않았었거든요.

음, 일단은 시간표를 잘 짰습니다. 인턴십은 방과 후 매일 매일 그것도 주말을 포함해서 가야 하는 일이었기 때문에 어떤 방식으로 학과 시간표를 만들 것인지를 우선 좀 고민했습니다. 제가 선택한 방법은 일주일 중 3일에 모든 시간표를 몰아넣은 이른바 주삼파가 되는 것이었죠. 3일 동안은 학과 공부에 집중하고 나머지 4일, 주말도 포함이 되니까 4일입니다. 나머지 4일간은 일에 집중을 하는 방법이었는데요, 나름대로 적중했다고 봅니다. 아, 물론 학과 공부에 집중하는 그 3일 동안에도 방과 후에는 일을 했지만 시간이 넉넉하지는 않았지요.

학업과 일을 정확하게 분리해 놓지 않으면 이것도 저것도 안 될 것 같다는 생각이 들었습니다. 또한 한번에 한 가지에만 집중을 할 수 있다는 장점도 있었고요. 제 방식에 회의적인 친구들도 있었고, 실제로 저와 다른 방식으로, 그러니까 매일 매일 학과 수업을 조금씩 듣고 방과 후에 일을 하러 가는 친구들도 많았지만 그 중 성적은 제가 제일 좋았습니다. 하하.

하긴 그렇겠군요. 학점이 좋지 않은 상태에서 경험만 많이 한다는 것이 부정적인 느낌을 줄 수도 있겠군요. 저는 뭐 거기까지는 생각을 하지는 못했지만 일단 학생이라는 신분에서 가장 중요한 것은 학과 공부라는 생각은 했습니다. 그래서 일도 중요하지만 학생으로서 배워야 할 것은 다 배워야 한다고 생각했고요, 또 뭘 알아야 일에서도 한번 써먹어 볼 수 있으니까요.

아까도 잠깐 말씀을 드렸지만 회사는 모 대형 학원의 온라인 강의를 담당하는 회사였고요, 저의 업무는 오프라인 이벤트를 기획하는 것이었습니다. 처음 회사에 들어갔을 때가 8월이었기 때문에 수능이 얼마 남지 않은 시간이었고요, 그래서 회사 차원에서 여러 오프라인 이벤트로 회사의 이미지를 제고시키려는 계획을 가지고 있었지요. 물론 인력이 더 필요했기 때문에 인턴을 채용하게 되었던 것이고요. 전국 고등학교들을 돌며 이벤트를 진행했었는데, 워낙 입시 분야에서 이름이 있는 학원이기 때문에 학교 측에서도 상당히 호의적으로 이벤트에 참여해 주었지요.

아, 이렇게 물어보시니까 생각이 나는군요. 다른 업무도 아주 많았죠. 모든 잡다한 일에 대한 assist가 다 저의 업무였으니까요. 복사, 우편 관리, 이메일 관리 및 커피 타기 등이 있었고요, 커피는 제가 이때 확실하게 배워서 지금도 아주 맛있게 잘 탑니다. 종이컵에 커피 믹스를 탈 때 물을 너무 많이 넣으면 싱겁거든요. 하하.

그리고 배운 것 중에서 가장 큰 부분은 회사에서 출판한 서적에 대한 계약이었습니다. 대형 오프라인 서점 및 온라인 서점과 서적에 대한 판매 계약을 하는 업무였죠. 처음 몇 번은 단순하게 참여만 했었는데 나중에는 제가 직접 계약한 건도 있을 정도로 업무가 늘어나게 되었습니다. 생각해보면 제가 현재 하고 있는 B2B 마케팅에 대한 초석을 다질 수 있었던 굉장히 중요한 경험이었죠.

글쎄요. 뭐, 그다지 불만은 없었던 것 같습니다. 업무를 보조하는 역할이 정확하게 업무를 통해서만 보조하는 것은 아니라고 생각했었거든요. 그러니까 커피를 타고 복사를 하는 등의 일을 통해서 다른 선배님들이 업무에 집중할 수 있다면 그것도 업무 보조에 포함이 된다고 봤습니다. 그리고 본인이 마음만 먹으면 어깨너머로 많은 것을 보고 배울 수 있습니다.

예를 들자면 복사를 시키면 복사를 하면서 어떤 문서인지 읽어볼 수 있는 기회가 있지 않습니까? 회의를 하는데 커피를 타가면서 대충 어떤 내용들로 회의를 진행하는지 들어볼 수 있고요. 나중에 궁금한 것이 있으면 선배님들한테 물어보기도 했고요. 지금은 이런 것들이 많이 없어졌습니다만, 그 당시에는 이런 일이 일반적인 상황이었고, 특별하게 불만은 없었습니다.

그럼, 이제 졸업을 하고 본격적인 구직 활동이 시작되는 것인가요?

지금에 와서 생각해 보니까 나름대로 바쁘게 살아왔군요. 제 자신이 기특하다는 생각이 드네요. 그런데 죄송한 말씀이지만 졸업 전에 인턴십이 하나 더 남아 있습니다.

네, 맞습니다. 본격적으로 대형 광고 대행사의 취업을 목표로 정하고 중소 광고 대행사에서 먼저 인턴십을 경험했습니다. 아까도 말씀을 드렸지만 한번에 크게 가는 것보다는 조금씩 올라가는 것을 좋아하는 성격이라서요. 아무래도 미리 작은 곳을 경험해 보는 것이 큰 도움이 될 거라고 생각을 했었지요.

담당이라기보다는 경험을 했다는 표현이 더 적절할 듯합니다. 3개월짜리 단기 인턴십이었기 때문에 시간이 넉넉하지 않았습니다. 그래서 제가 직접 광고 기획을 진행했다기보다는 역시 보조의 역할이 컸었죠. 아무튼 이 인턴십은 졸업 직전에 대형 광고 대행사에 지원할 수 있는 용기를 북돋아 주었다는 점에서 의미가 큽니다.

가슴 아픈 경험을 다시 들춰내야 하겠군요. 하하. 인터뷰 초반에 말씀을 드린 것과 같이 제가 졸업을 할 당시에는 목표로 하고 있는 회사들의 채용 기간이 아니었습니다. 따라서 일단은 이력서와 자기 소개서를 잘 만들어서 해당 회사의 인력풀에 등록을 하고 기다렸습니다. 간혹 먼저 자리를 잡은 선배들을 통하여 면접을 보기도 했었지만, 그리 좋은 상황은 아니었습니다. 왜냐하면 광고 대행사들이 경력자를 선호하는 쪽으로 변해가고 있는 시점이었기 때문이었죠.

네, 아주 턱없이 부족했습니다. 대형 광고 대행사에서 원하고 있던 경력자는 그야말로 중형 account, 그러니까 중급 이상의 client를 직접 담당해본 경험이 있는 직원을 찾고 있었던 것이었으니까요. 여기에서부터 한계에 부딪치고 말았습니다.

일단은 방법이 없었습니다. 음, 방법을 몰랐다는 표현이 더 어울리겠군요. 우선은 닥치는 대로 광고 대행사에 지원을 했습니다. 한 20개 정도에 지원을 했었는지 모르겠군요. 아직도 홈페이지를 보면 즐겨찾기에 그 흔적들이 고스란히 남아 있습니다. 면접은 한 5군데 정도 봤던 것 같은데 결과가 좋지 않았습니다. 나름대로 실망도 많이 하고 좌절도 많이 했었지요.

하하. 제 말이 그 말입니다. 그랬다면 전공을 포기하지는 않았을 것입니다. 그런데 그 당시에는 그런 생각이 안 들었습니다. 나름대로 중소 광고 대행사에서 인턴십을 경험해 보았기 때문이기도 했지만, 처음 시작을 하는 위치에서 조금 더 좋은 환경의 회사에 들어가고 싶은 마음은 다 똑같으니까요.

나름대로는 전문성이 있는 전공을 공부했기 때문에 취업이 상대적으로 쉬울 수도 있다는 생각을 했었지만, 어떻게 보면 선택의 폭이 좁아질 수 있다는 단점이 있을 수도 있다는 생각을 해보지 못했었거든요. 이때부터 전공에 대한 회의가 들기 시작했고, 슬슬 다른 직종으로 눈을 돌리기 시작했습니다.

정말로 못난 생각이었지만, 그 당시에는 술의 힘을 빌리는 길밖에 몰랐습니다. 매일 친구들을 불러다가 술 먹고, 면접 본 얘기도 하고, 면접 본 회사를 욕하기도 했었고. 아, 한 번은 호프집에서 맥주를 먹는데 양념 반 후라이드 반을 시켰는데 아저씨가 후라이드 한 마리를 내오더군요. 그래서 반반씩 시켰는데 왜 후라이드만 주냐고 따졌죠. 그랬더니 아저씨가 바쁘니까 그냥 먹으라는 거예요. 그러면서 양념장을 주더군요. 단골 가게였기 때문에 평소 때 같았으면 그냥 웃으면서 넘어갈 수도 있는 사소한 일이었는데, 그 당시에는 왜 그렇게도 화가 나던지, 정말 아무것도 아닌 일에 화내고 짜증내고…. 아저씨랑 싸우는 것을 친구들이 힘들게 뜯어 말렸던 기억이 나네요. 하하.

결과적으로 좌절의 시간을 현명하게 헤쳐 나갔다기보다는 다른 곳으로 눈을 더 돌려서 일반 기업에도 지원을 하기 시작했죠. 광고 대행사를 목표로 했을 때에는 다른 곳에 입사해도 어차피 가지 않을 거라는 생각에서 무작정 광고 대행사만 팠었는데, 이 시점 후부터는 조금이라고 관련이 있다고 생각되는 곳에도 조금씩 도전을 하기 시작했습니다.

생각보다는 많았습니다. 일반 대기업이나 탄탄한 중소기업의 홍보나 마케팅도 있었고, 영업에도 많이 지원을 했었습니다. 광고 기획, 즉 AE(Account Executive) 역시 어느 정도는 영업이라는 업무가 포함된다는 생각에서 영업에도 원서를 많이 넣었었는데, 나름대로 성격도 잘 맞는다고 생각했었죠. 적성이 있다는 판단 하에 지원을 했었고, 실제로 영업 쪽에서 면접을 가장 많이 봤었습니다.

나름대로 선택의 폭을 넓혀가는 과정에서 새로운 길을 찾았다고나 할까요? 영업 쪽에서 더 많은 면접을 보기 시작하면서 광고를 슬슬 잊어가게 되었고, 급기야는 광고 대행사 지원을 중단하고 말았습니다. 광고 대행사에서는 저를 찾지 않았기 때문에 상대적으로 더 많은 콜을 받았던 곳에 집중하자는 계획이었을지도 모르겠네요. 어쩌면 나름대로 그런 식으로 위안을 받으려고 했었던 것인지도 모르고요.

아무튼 제가 취업을 할 당시부터 국내 채용 시장이 많이 안 좋아지기 시작했었기 때문에 어찌 보면 선배들의 조언이 많은 도움이 되지 못했을 수도 있습니다. 왜냐하면 선배들은 광고 대행사에서 여전히 신입을 원할 당시에 입사한 사람들이었거든요.

하하, 그렇죠. 광고 대행사에 대한 꿈을 접고 마케팅, 홍보, 영업에 지원을 하기 시작하면서부터 마구잡이식 지원이 되고 말았습니다. 나중에는 면접을 보러 오라는 전화를 받았는데, 도대체 언제 그 회사에 원서를 제출했었는지조차 기억이 안 날 때도 있을 정도였죠. 한 50군데 이상을 그런 식으로 막 넣었습니다. 이 중에서 제발 하나만 걸려라. 이런 느낌으로 말이죠.

당연히 안 좋았죠. 질보다는 양으로 승부를 걸려고 했었기 때문에 각 직종별로 마케팅, 홍보, 영업 지원용 이력서와 자기 소개서를 3개

만들고 회사마다 조금씩 다른 내용을 덮어서 사용하는 방식으로 제출을 했으니까요. 바보 같은 짓이었죠. 이렇게 되다 보니까 합격률도 떨어졌고, 면접을 가게 되어도 정확한 분석을 하기 어려웠죠.

가장 중요한 것은 질문자의 의도를 파악하는 거라고 생각합니다. 도대체 이 사람이 나한테 왜 이런 질문을 할까? 이걸 알지 못했기 때문에, 혹은 전혀 생각하지도 않았기 때문에 좋은 답변을 하는 것이 어렵지 않았을까 하는 생각이 듭니다.

네, 있죠. 당시가 2002년 월드컵이 끝난 직후여서 히딩크 감독에 대한 질문이 자주 나왔었습니다. 한번은 모회사의 영업분야 지원 면접을 보는데, '히딩크식 축구의 핵심 전략은 무엇인가? 라는 질문이 나왔죠. 이 질문의 요지는 그의 리더십이나 선수 구성, 상대팀 분석, 그 분석에 따른 전략 변화 등을 바탕으로 현재 지원하는 영업 분야에 나름대로 적용을 해보는 그런 종류의 질문이었습니다.

그런데 나름대로 축구에 일가견이 있다고 생각했던 저는 4 - 4 - 2 포지션이 어쨌느니, 승부차기가 저쨌느니 하는 등의 게임에 대한 면을 답변했죠. 나름대로는 열변을 토했는데 면접관들의 표정이 뜨악하더군요. 면접을 마치고 나오는데 어찌나 민망하고 창피하던지…. 하하.

당연히 아니죠. 이내 마구잡이식 지원이 효과가 없다는 것을 깨달
았고, 면접에서도 특색이 없다는 것을 알게 된 후에 새롭게 마음을 잡
았죠. 우선은 제가 과연 어떤 분야의 업종에 관심이 있는 것일까를 생
각해 보았습니다.

그래서 찾은 것이 유통, 패션, 소비재 제품 등의 업종이었습니다.
이때부터 새롭게 문서를 다시 작성하기 시작했습니다. 회사를 정확
하게 분석하고 각 분야에 대한 관심을 바탕으로 지원할 때마다 새로
운 이력서와 자기 소개서를 작성하기 시작했습니다. 어떤 회사에는
PT로 자료를 만들어서 제출하기도 했었고요, 1분 자기 소개도 나름대
로 멋지게 만들어서 활용을 했었습니다.

나름대로 심혈을 기울여서 만든 자기 소개였는데, 이름도 있습니
다. 레인보 프로젝트라고 우선 무지개의 일곱 가지 색깔을 바탕으로
해서 제 자신을 소개하는 형식의 문서를 PT로 만들어서 이력서, 자기
소개서와 함께 제출했습니다. 개성 있는 자료라고 생각들을 하셨던
지 면접에서 저의 레인보 프로젝트에 관심을 가진 분들께서 많이 계
셨죠.

레인보 프로젝트. 이름만으로도 상당히 개성이 있군요. 그런데 감이 잘 안 옵니다. 구체적으로 어떤 내용인가요?

그러니까 빨간색 하면 정열이나 열정 등의 단어가 떠오르지 않습니까? 그럼 빨간색에서는 지원 분야에 대한 저의 열정에 대해서 설명을 하는 구성이죠. 또 보라색은 흔히 싸이코들이 좋아하는 색이라고 하지 않나요? 보라색에서는 조금 창의적인 성격 등을 설명하고…. 뭐 대충 이런 식이었죠.

아, 재미있는데요. 이 레인보 프로젝트가 큰 도움이 되었을 것 같군요. 항상 그렇듯이 결과를 알아보아야 하겠죠?

음, 글쎄요. 이게 면접관들의 관심을 끄는 데는 성공적이었는데 딱 거기까지였습니다. 문제가 조금 있었죠. 그 당시에는 몰라서 계속 밀어 붙였는데 한 친절한 면접관이 저의 이 프로젝트의 문제점을 콕 짚어주었습니다.

대충 감은 잡히는군요. 어떤 문제점이었고, 어떤 방법으로 보완을 하였습니까?

취업 컨설팅을 자주 하시니까 아마도 감을 잡으셨을 겁니다. 하하. 문제는 바로 저의 이 레인보 프로젝트가 지나치게 감성적이었다는 것이죠. 감성적, 즉 지나치게 인성 쪽에만 집중되어 있었기 때문에 면접관들이 원하는 능력이나 잠재력을 전달하는 데는 좀 무리가 있었습니다. 골고루 비중을 맞추었어야 하는데 무지개 색깔과 연상되는 단어에만 집중을 하다 보니까 저도 모르게 전체적인 내용이 인성적인 면으로만 치닫게 되었습니다.

그래서 이 레인보 프로젝트는 유지한 채 기존의 이력서나 자기 소개서를 통해서 능력이나 잠재력을 표현할 수 있는 부분을 보강했죠. 물론 면접에서도 너무 인성 쪽만이 아니라 학력적인 배경이나 관련 인턴십에 집중하여 보완을 했고요.

그렇죠. 실패한 경험을 통해서 저에게 부족한 부분들을 하나씩 보완하기 시작했고, 그러던 중에 지금의 L 모 그룹의 홍보 부서에 입사하게 되었습니다. 이 회사 역시 나름대로 분석한 후에 임했었는데, 결과가 좋았죠. 회사의 분위기가 뛰어난 인재보다도 동료들과 잘 어울리면서 우직하게 일하는 직원을 선호하는 그런 회사였거든요. 그래서 그런 사람이라는 인상을 주려고 노력했었죠. 아, 근데 이제 회사에 들어왔나요? 앞의 얘기가 너무 길었나 봅니다. 하하.

뭐가 어땠는지 말씀을 드려야 하나요? 하하. 조금 더 구체적으로 물어봐 주십시오. 막연한 질문에는 저도 무엇을 먼저 말씀드려야 하는지 감을 못 잡겠네요.

아, 죄송합니다. 음, 그럼 일단 전공과 업무와의 관계를 한번 알아볼까요? 대학교 때 공부했던 내용이 실제 업무에 얼마나 도움이 되었습니까?

뭐, 그다지 많이 되지 않았습니다. 하하. 제가 광고 홍보학을 전공한 것은 사실이지만 저의 모든 관심은 광고 쪽에만 집중이 되어 있었기 때문에 과목을 선택할 때도 홍보랑 관련이 있는 것들은 제외시켜 놓았으니까요. 아, 물론 기본적인 지식이야 있었지만 사람의 앞일은 모르는 거라고 이렇게 홍보 업무를 하게 될 줄 알았으면 미리 공부를 해둘걸 그랬습니다. 하하.

그렇군요. 그런데 이 시점에서 가장 궁금한 것은 왜 P 대리님께서는 본인의 관심 분야였던 광고도 아닌, 그렇다고 취업 중에 적성을 발견한 영업도 아닌 홍보 쪽으로 취업하게 되었는가 하는 것입니다.

사실 저도 홍보에 많은 관심이 없었다는 것은 인정합니다. 하지만 홍보 역시 광고와 영업, 마케팅과 함께 제가 세워놓았던 계획에 분명하게 포함되어 있었던 분야였습니다. 그리고 우선 이 회사가 대기업이다 보니까 관심이 더 갔었던 것도 사실이고요. 또 한 가지 중요한 것은 이 회사에서는 홍보 업무의 경력을 바탕으로 마케팅 부서로의 이동이 가능하다는 사실이었습니다.

아하, 그래서 현재 마케팅 부서에서 근무를 하고 있군요. 그렇다면 마케팅 부서로의 이동 역시 미리 계획하고 있었다는 것인가요?

아뇨. 하하. 거기까지는 구체적으로 계획을 해놓지는 못했습니다. 단지 그런 것이 가능하다는 정보만을 머릿속에 넣어 놓고 있었죠. 아무것도 모르는 초짜 직원이 그런 계획까지 세우는 것은 현실적으로 어려웠습니다. 모르는 거 배우는 것만도 빡셌거든요.

알겠습니다. 그럼 다시 홍보로 돌아가 보겠습니다. 처음 3개월은 수습 기간이었다고 알고 있습니다. 그 3개월간의 회사 생활은 어땠습니까?

그야말로 머리가 빠개질 정도로 힘든 생활이었습니다. 모르니까 우선 배워야죠. 처음 수습 기간에는 무조건 배우려고 노력했습니다. 3개월간은 교육의 연속이었습니다. 배우고 또 배우고를 반복했죠. 회사를 돌면서 모든 사업부를 견학하고 선배들이 어떻게 일하고 있는지도 보고, 각 사업부의 대리급들이 나와서 업무에 대한 소개와 함께 가장 기초적인 업무들을 알려주죠.

거기에는 회사 근처에 어떤 술집에 맥주가 맛있고, 어디가 설렁탕이 맛있고 등과 같은 실제로 업무에 도움이 되는 정보들도 포함됩니다. 하하.

일을 배운다는 것도 그렇게 쉽지 않다고들 하던데요. 배우는 과정은 순탄했었나요?

일단 사수(자신에게 일을 가르쳐주는 선배 사원)는 잘 만난 것 같았습니다. 다른 회사에 다니던 대학 동기들 중에서는 일을 잘 알려주지 않는 사수 때문에 2배로 고생하던 친구들도 있었으니까요. 문제는 사소한 일까지 일일이 물어볼 경우에 사수의 업무에도 방해가 된다는 것이었죠. 그래서 작은 일들은 제 스스로 한 번 더 연구해 본 후에 물어봤습니다. 물론 큰 틀이 되는 업무에 대한 것들은 바로 바로 물었죠. 저 하나로 인해서 회사 업무에 방해가 되면 안 되니까요.

제가 군대를 가기 전에 휴가 나온 친구에게 가장 먼저 물었던 것이 군대에서는 매일 무슨 일을 하냐는 거였습니다. 하하. 실제로 홍보 업무를 시작하면서 저도 이 부분이 가장 궁금했죠. 저의 대략적인 업무 내용, 즉 홍보 업무 내용은 요일별로 정리를 드리는 것이 편리하겠네요. 저도 그렇게 스케줄을 만들어서 일을 했었으니까요.

우선 월요일과 화요일에는 아이템을 찾습니다. 저는 주로 신문과 주간지 쪽의 홍보를 담당했었는데요, 무엇보다도 이 아이템을 잡는 과정이 가장 어려웠습니다. 일을 하다가 깨닫게 된 거지만 홍보도 엄청난 창의력을 필요로 하더라고요. 경쟁사에서도 그렇고 독자들도 매일 그렇고 그런 기사들만 접하게 되면 상당히 지루해하거든요. 당연히 기자들도 재미없는 기사는 선호하지 않고요. 이 부분에서는 확실히 광고를 전공했던 것이 도움이 되었습니다. 아마 회사에서도 이러한 점을 고려하여 광고를 전공한 저를 뽑지 않았나 생각합니다.

그렇게 해서 아이템을 잡고 나면 본격적으로 기사를 작성하기 시작합니다. 사실 이 부분이 가장 어려웠죠. 글은 많이 써본 적이 없었기 때문에 두렵기도 했었고요. 하지만 홍보글이 글짓기는 아니니까요, 어느 정도는 정해진 구성이 있습니다. 꼭 써야 하는 구성에 맞춘다는 기분으로 기사를 작성하다 보면 나름대로 노하우도 생기고요.

아, 그건 당연하죠. 처음에는 초안을 잡는 것이 저의 업무였고요, 그 다음에는 제가 직접 작성한 글을 사수의 검토를 거쳐서 기자들에게 보냈고요.

괜찮습니다. 하하. 수요일이 맞습니다. 월요일 화요일에 아이템을 잡고 수요일에 기사를 작성하고 나서 기자들에게 연락을 합니다. 이번 주에는 이런 이런 기사들이 있다고 대략적으로 운을 뗀 후에 목요일에 한번 만나자고 연락을 하는 거죠. 원래는 안 만나고 이메일로 보내도 되는데 사람이 얼굴을 보고 얘기하면 또 다르니까요. 글도 좋게 실어달라고 부탁도 하고 겸사겸사 만나게 되는 거죠.

그렇죠. 목요일에는 연락된 기자들을 만나서 직접 설명도 하고 친분도 쌓고 대략적인 동향도 파악하고 그렇죠 뭐. 재미있는 것은 신문 사마다 선호하는 기사들이 조금씩 다르기 때문에 기자들을 공략할 때도 그 특성을 잘 파악해야 합니다.

하하. 그렇게 노하우가 쌓인 내용은 아니고요, 어차피 홍보 쪽에서 일하시는 분들은 다 알고 계실 만한 내용입니다.

예를 들어서 'L 모 그룹의 market share가 높아지고 있다' 는 것이 주된 내용이라면 C일보는 이러한 사실을 먼저 공개한 후에 세부적인 이야기를 풀어나가는 형식의 기사를 좋아하죠. 반면 D일보는 세부적이고 자연스러운 접근으로 운을 뗀 후에 '그런데 L 모 그룹의 market share가 높아지고 있다' 라는 식으로 감성적으로 접근해서 이성적으로 마무리를 하는 구성을 선호합니다.

또 J일보의 경우에는 숫자를 좋아합니다. 정확한 수치를 제시해서 데이터에 바탕을 둔 깔끔한 기사를 좋아하죠.

금요일에는 일간지에 나온 기사를 스크랩하죠. 기사가 실리지 않으면 그 날은 살살 피해 다녀야죠. 하하.

PR은 P할 것은 피하고, R릴 것은 알리는 작업이죠. 너무 틀에 박힌 답변인가요? 그런데 사실 이게 정확합니다. 아무리 작은 경사라도 크게 포장해서 널리 알리는 일이죠. 물론 그 과정에서 거짓이 포함되어서는 안 되고요.

홍보 부서에서 일할 때 업무 자체가 마케팅 홍보였습니다. 마케팅에 근간을 둔 홍보라는 얘기죠. 물론 전문적으로 마케팅 업무를 해보지는 않았지만 기사의 자료를 구하기 위해서는 마케팅 부서와 유기적으로 업무 협조를 해야 했었기 때문에 업무의 흐름이나 성격을 잘 알고 있다는 장점이 있었습니다.

마침 마케팅 부서로의 이동을 제의 받았는데, 사실 홍보 업무에 익숙해진 나머지 조금 지루해지는 느낌도 있었고요, 나름대로 현재의 상황에서 새로운 도전을 해보고 싶은 생각도 많았고요. 그래서 마케팅 부서로 이동을 결심하게 되었습니다.

사람들에 적응하는 것은 쉬웠죠. 워낙 알고 있던 사람들이었으니까요. 하지만 업무 자체는 전혀 다르기 때문에 이것 역시 익히는 데 많은 노력이 필요했습니다. 더욱 중요한 것은 신입의 입장에서 배우는 것이 아니었기 때문에 무턱대고 모른 척할 수도 없는 입장이었죠. 그래도 모르는 것은 모른다고 솔직하게 말했습니다. 한번 쪽 팔려서 일을 잘하는 것이 더 낫다는 생각을 했거든요.. 하하.

그렇군요. 숨 가쁘게 살아온 것처럼 인터뷰도 숨 가쁘게 진행되었습니다. 이제 슬슬 마무리를 해야 할 시간인데요, 사회에 먼저 발을 내디딘 선배의 입장에서 신입사원들을 보면 어떤 생각이 드십니까?

음, 글쎄요, 뭐랄까…. 저도 뭐 경력이 오래 되지는 않았지만 저보다 더 젊은 친구들이 치고 올라올 것을 생각하면 무섭다는 생각이 들기도 하고요, 스스로를 다시 돌아보게 되는 자극제가 되기도 하고요. 저하고 나이차가 많이 나지 않는 데도 전혀 다른 방식으로 생각하는 친구들을 보면 재미있기도 하고요, 아무튼 그렇습니다.

후배들이 무섭다고 했는데 실제로 이런 후배를 만나본 적이 있습니까?

네, 몇 명 있습니다. 무섭게 생기지는 않았고요. 하하. 그 중 기억나는 한 친구가 있는데 지금은 다른 사업부에서 근무를 하고 있고요. 아무튼 굉장히 적극적인 친구였죠. 졸졸 따라다니면서 메모하고 한 개라도 모르면 물어보고, 심지어는 간부들에게까지 막 찾아가서 물어보고 그랬었죠. 중간에 저도 있었고, 팀장님, 부장님 다 계시는데 지나가시던 상무님을 붙잡고 이것 저것 물어보니까 조금 싸이코 같은 놈이라는 생각도 들었었는데요. 결국에는 동기들보다 더 빨리 더 많은 것을 배우더라는 말입니다. 노하우를 전수할 수밖에 없도록 만드는 녀석들이 있습니다. 하하.

흔히 선배들 사이에서 '어떤 어떤 후배 녀석은 재수없다' 고 뒷담화를 하는데, 그런 녀석이 바로 무서운 후배더라고요. 나름대로 선배들도 두려움을 느끼기 때문에 약간의 견제를 위해서 그런 얘기를 하더라고요.

그런데 뭐, 무섭다는 얘기가 금방 뭐 어떻게 된다는 뜻은 아니고요, '조그만 더 일하면 정말 크게 될 놈이구나' 라는 느낌이라고 이해하시면 자연스러울 듯합니다.

당연하죠. 제 선배도 저에게서 마음에 들지 않은 부분을 찾았던 것처럼 저 역시 신입사원들에게서 아쉬운 부분을 발견할 수 있습니다.

요새 친구들은 너무 개인주의가 강합니다. 조직 생활은 개인이 우선이 아니라 팀이 우선입니다. 그런 이유로 너무 개성이 뛰어난 인재들은 조직 생활에 쉽게 적응을 하지 못하기도 하죠. 물론 개인적으로 수행해도 좋은 일들이 있겠지만, 거의 대부분의 일들은 팀워크를 바탕으로 수행이 됩니다. 시너지 효과를 창출해 낼 수 있는 것이죠.

아, 이거는 제가 확실하게 말씀드릴 수 있겠습니다. 저의 신입 시절과 지금 저의 부사수를 비교해보면서 나름대로 생각해본 적이 있었거든요. 크게 세 가지로 정리해 드릴 수 있겠는데요.

첫째, 시키는 일 빨리 하기.

둘째, 시킬 것 같은 일 알아서 해놓기.

셋째, 사수가 까먹은 것 챙겨주기.

입니다. 신입이면 어차피 막중한 임무가 주어지지 않기 때문에 사수를 보좌하면서 부서의 업무가 잘 돌아갈 수 있도록 챙겨주는 역할만 잘 하면 되니까요. 제가 나름대로 생각해 본 것은 이렇게 세 가지입니다.

뭐 어차피 제 생각을 말씀드리는 거니까 솔직하게 답변을 드리죠. 저는 전혀 상관이 없다고 생각합니다. 물론 전공 지식이나 관련 경험이 있다면 도움이 될 수도 있겠지만, 그런 것들이 결정적인 역할을 하지는 못합니다. 따라서 모든 신입들은 같은 출발선에서 시작을 한다고 생각합니다. 얼마나 빨리 배우고 익혀서 일을 자기 것으로 만드는가 하는 것이 업무 능력을 결정한다고 봅니다.

실제로 고학력자 출신의 신입들 중에서 물어보는 것을 꺼리는 친구들도 있습니다. 아무래도 기대를 받고 있는 입장에서 이것 저것 물어보는 것이 부담이 될 수도 있지만, 한 번도 해보지 않은 일을 물어보지 않고서 어떻게 알 수 있겠습니까? 보는 시각에 따라서는 열정이 없는 직원이라는 평가도 받을 수 있는 아주 민감한 문제이지요.

네, 물론입니다. 처음 1~2년차 때에는 저 역시 신입의 느낌으로 시키는 일에 집중했습니다. 그 당시에는 시키는 일을 빨리 하는 것이 장땡이라고 생각했었으니까요. 하하. 일반 신입이라면 2년 차까지, 중간에 직종을 바꾼 경력자라면 1년 정도까지는 그래도 주위에서 지켜봐주는 편입니다. 하지만 그 시간이 넘어가면 스스로 일을 해야 합니다. 일에 대한 눈을 떠야 한다는 뜻이죠.

음, 제가 처음에 마케팅 부서로 옮겨왔을 때 영업 팀과 업무 협조를 하게 되었습니다. 그 당시 전체적인 업무를 정확하게 파악하지 못했고, 영업 팀의 정책을 제대로 이해를 하지 못해서 크게 당했던 적이 있었습니다. 회사 내부적인 문제라서 구체적으로 말씀드릴 수는 없고요, 아무튼 죽 쒀서 개 준 꼴이 되고 말았는데요, 열심히 일한 것이 영업 팀에서 진행하는 다른 제품을 도와준 꼴이 되고 말았죠.

그 이후에 '작은 것을 보기보다는 전체적인 흐름을 파악할 수 있어야만 내 일을 스스로 할 수 있겠구나' 하는 생각에 나무보다는 숲을 보는 능력을 키우기 시작했습니다.

뭐 특별한 훈련이 필요하다기보다는 지금 내가 하는 일이 회사 전체의 사업에서 어디쯤에 있는지를 알아보면 됩니다. 그러니까 어떤 한 사업을 위해서 마케팅 부서에서는 이러한 일을 하는데 영업 부서에서는 또 다른 일을 하더라. 홍보 부서에서는 무엇을 하고, 이런 서로 다른 일들이 결합되면 어떤 결과를 가져올 것인지를 알아보는 거죠. 물론 자료로 나와 있는 것도 있지만, 본인 나름대로의 분석도 필요한 만큼 어느 정도 경력이 필요하다고 생각합니다.

글쎄요. 이건 질문 중에서 가장 어렵군요. 물론 수치로도 답변을 드릴 수 있겠습니다만, 일을 하면서 피부로 직접 느낄 수 있는 몇 가지 경험을 통해서 답변을 드리는 것이 훨씬 더 구체적일 것 같군요.

음, 그러니까 저의 존재감을 확인할 수 있는 일들을 경험하게 되면 제가 어느 정도 위치까지는 올라온 것 같다는 느낌을 받을 수는 있습니다. 팀장님께서 부재중이실 때 상무님께서 제 선배들을 제쳐놓고 저를 부르신다든가, 다른 일 때문에 마케팅 회의에 늦었는데 제가 참석하지 않아서 회의를 시작하지 않고 계신다든가. 이런 일들이죠.

또 다른 팀에서 모르는 것이 있으면 저한테 물어보라고 신입사원들을 보내는 경우도 있는데 이럴 때는 저도 어느 정도 인정을 받고 있는 것이 아닌가 하는 생각을 하게 됩니다.

주말을 이용해서 영어와 일어 학원을 다니고 있습니다. 일어는 사실 제가 게임을 좋아해서 번역을 해보려고 다니다가 취미가 생기게 되었고요, 영어는 뭐 계속해서 실력을 유지할 필요가 있으니까요. 그 밖에 책을 많이 읽으려고 노력합니다. 업무 관련 서적도 좋고, 최근 인기 있는 서적들도 좋고요. 아무래도 시장의 트렌드를 정확하게 파악해야 하는 마케터의 위치에서 여러 분야에 대한 지식이 있다는 것은 이득이 될 테니까요.

아, 최근에는 드럼도 배우고 있군요. 무언가 스트레스를 풀 만한 것을 찾아보다가 선택하게 되었는데 도움이 많이 됩니다. 드럼을 힘껏 두드리면서 스트레스도 풀고 취미 활동도 하고요. 사실 학원이나 서적 등은 더 많은 스트레스가 될 수도 있으니까요.

그렇군요. 좋은 말씀 감사 드립니다. 아쉽지만 P 대리님과의 인터뷰는 여기서 마쳐야 할 듯합니다. 정말로 감사드리고요, 마지막으로 현재 취업을 준비하고 있는 구직자들에게 한 말씀 부탁드립니다.

아, 벌써 끝인가요? 먼저 보잘것없는 저를 모델로 사용해 주셔서 감사를 드립니다. 저도 옛날 기억을 짚어보면서 나름대로 제 경력을 정리해 볼 수 있었고요, 또 새로운 마음을 가져야 하겠다는 생각을 할 수 있는 계기도 되었습니다. 제가 오히려 감사드립니다.

음, 제가 뭐 특별하게 드릴 수 있는 말씀은 없고요, 방향을 잘 잡으라는 말씀을 드리고 싶습니다. 진로는 일찍 결정하면 결정할수록 본인에게 유리합니다. 그만큼 더 많은 지식을 쌓고 더 많은 경험을 해 볼 수 있으니까요. 물론 충분한 고민이 밑바탕이 되어야 하겠지요. 방향을 정한 후에 그 길로 열심히 가다 보면 빛이 보이게 될 거라고 믿습니다.

길을 정했으면 앞만 보고 갔으면 좋겠습니다. 절대로 뒤를 돌아보지 마십시오. 뒤를 돌아볼 시간에 앞으로 어떻게 갈까를 고민했으면 좋겠습니다. 하지만 가끔 뒤를 봐주어야 할 때가 있습니다. 자기 반성이 필요하니까요. 운전으로 비유하자면 앞을 보고 주행을 하되 가끔씩 백미러를 통하여 뒤를 살펴주는 것이 되지 않을까 합니다.

그리고 자신감을 가지라는 말씀을 꼭 드리고 싶습니다. 사람은 누구든지 자신만의 능력을 가지고 있기 때문에 내가 다른 사람보다 부족한 부분이 있으면 분명히 그 사람보다 더 나은 점도 있습니다. 이런 생각을 가지면 자신 있게 모든 일을 할 수 있다고 생각합니다.

■ B 모 글로벌 부동산 컨설팅 회사의 C 씨 (남성)

안녕하십니까? 반갑습니다. 먼저 바쁘신 외중에도 오늘 인터뷰에 응해 주셔서 대단히 감사드립니다. 간단한 본인 소개로 인터뷰를 시작해 볼까 합니다.

네, 저는 외국계 부동산 컨설팅 회사인 B 모 회사에서 근무하고 있는 C라고 합니다. 지난 2006년 5월에 입사를 했고요, 시간으로 따지면 얼마 안 된 아직 풋풋한 직원이라고 할 수 있겠네요. 근데 풋풋하게 생기지는 않았죠? 하하하.

하하하, 아뇨, 아닙니다. 풋풋한 느낌이 납니다. B 모 회사에서는 어떤 업무를 하고 계십니까?

저는 기업 부동산 자문팀에서 일하고 있고요, 정확한 position은 analyst입니다. 정확한 데이터베이스에 의거하여 기업 고객들을 대상으로 부동산 관련 서비스를 제공하고 있습니다. 중소 규모 빌딩의 매입과 매각, 사무실 임대차 업무, 사무실 관리 등이 주 업무가 됩니다.

C 씨께서는 유학생 출신인데, 나름대로 전공을 잘 살려서 관련 업무를 하고 계신 것으로 알고 있습니다. 이 모든 것이 계획에 의한 것이었나요?

전공을 선택한 것은 물론 계획에 의한 것이었지만, 그렇다고 제가 유학을 갈 당시부터 대학을 가면 무엇을 공부해야겠다고 생각을 했던 것은 아니었습니다. 대학에 들어가서도 금방 저의 길을 결정했던 것도 아니었고요. 아, 근데 우선 전공보다도 대학을 선택한 것이 먼저 였으니까 이걸 먼저 짚고 넘어갔으면 하는데요. 괜찮을까요?

네, 감사합니다. 그러니까 제가 대학 진학을 결정할 때 우선적으로 고려했던 것이 두 가지가 있었는데, 그 중 하나는 학비였고, 다른 하나는 학교의 인지도였습니다.

처음에 갈 때는 그랬었죠. 그런데 IMF가 터지면서 집안이 힘들어 지게 되었습니다. 그 당시에는 유학을 포기하고 돌아갔던 친구들도 굉장히 많았고요. 그래도 저는 그 정도까지는 아니었기 때문에 항상 부모님께 감사를 드리고 있습니다. 아무튼 그래서 제 나름대로는 부 모님의 짐을 조금이나마 덜어드릴 요량으로 상대적으로 학비가 저렴 한 주립 대학교 쪽으로 알아보기 시작했습니다.

뭐, 그런 거는 아니었고요, 현실적으로 제 입장만 내세울 수 있는 상황이 아니었기 때문에 저의 욕심과 부모님의 상황을 모두 만족시 킬 수 있는 타협점을 찾아보게 된 것이었죠. 그리고 다른 한 가지는 학교의 인지도였는데, 여기에서 인지도란 한국에서의 인지도를 말씀 드리는 겁니다.

좋은 학교가 어디에서나 좋은 것은 맞습니다만, 미국에서 유명한 학교가 반드시 한국에서 유명한 것은 아니더라고요. 반대로 한국에서는 꽤 유명하고 상당히 좋은 학교로 알려져 있는데, 실제 미국 내에서는 그저 그냥 그런 학교일 뿐인 곳도 많더라고요.

동문의 차이죠. 끈끈한 정으로 뭉친 동문들이 그 영향력을 발휘하는 거라고 보시면 되겠습니다. 예를 들면, 정계나 재계에서 혹은 다른 분야에서 유명한 인사가 어떤 학교 출신이라는 것이 알려지게 되면, 그분의 뒤를 잇는 많은 사람들이 같은 학교에서 공부하게 되고 자연적으로 영향력 있는 동문들이 많이 생겨나게 되는 겁입니다. 그런데 그분들께서 공부한 그 학교가 사실 미국에서는 그렇게 좋지 않은 학교일 수도 있거든요. 한국에서 유명하기는 하지만 좋지는 않다. 그런데 학교가 유명해지면 좋은 학교라는 인식이 생겨나게 되고, 동문들이 많기 때문에 취업에도 유리할 수 있다. 나름대로는 이런 생각을 가졌습니다.

그렇다고 볼 수 있습니다. 주립대 중에서 나름대로 한국에서 유명하고 동문이 많은 학교들에만 원서를 제출했고, 합격했던 대학들 중에서 C주립 대학교를 선택해서 입학하게 되었습니다.

일단 여러 학교를 합격해 놓기는 했는데, 제가 고등학교 생활을 했던 동부 지역을 벗어나서 움직이기가 조금 두렵기도 했었고요, 나름대로 편한 환경이었기 때문에, 중부나 서부로 이동 시 또 새롭게 적응을 하는 시간이 필요할 것으로 예상해서 고등학교에서 그다지 멀지 않은 곳으로 이동하게 된 것입니다.

처음에는 여러 가지 전공을 두고 제 나름대로 저울질을 했습니다. 제가 뭐 딱히 이거다 하는 것이 떠오르지도 않았었고, 그렇다고 다른 학생들에 비해서 뭘 더 많이 알고 있었던 것도 아니었으니까요. 학부는 School of Business였는데 이 중에서도 엄청나게 많은 길이 있던 터라 적지 않게 방황하고 있었죠.

처음에는 일반 경영 쪽으로 공부해 볼까 했었는데, 왠지 조금 범위가 넓으면서도 너무 일반적이라는 생각이 들어서 접게 되었고요, 그 다음에는 재무 쪽으로 관심을 두었는데, 이 역시 주식 관련 수업이 저랑 잘 맞지 않는다는 생각이 들어서 포기하게 되었습니다.

네, 원래 제가 좀 의심이 많은 편이어서 누가 뭐라고 말해도 제 눈으로 직접 확인하기 전에는 잘 믿지 않는 스타일입니다. 무슨 영화가 재미있다거나 재미없다고 해도 제가 직접 본 후에 판단하기 때문에 전공 역시 마찬가지였죠. 일단 다 경험해 본 후에 심사숙고 해서 결정하게 된 것입니다.

네, 정확한 전공명은 Real Estate & Urban Economies Study였습니다.

충분히요. 앞으로 저의 career와 연결시켜서 계획을 잡아놓은 후에 결정한 전공이라서 그런지 더욱 의욕적으로 배울 수 있었다고 생각합니다. 실제 현장에서 활용할 수 있는 지식들도 배울 수 있었고요.

그럼 처음 구직 활동시에는 구체적으로 어떤 부분이 가장 어려웠나요?

제가 가장 어려웠던 점은 정확하게 저한테 맞는 position이 열리지 않는다는 점이었습니다. 국내 회사의 경우에는 채용 시기를 놓치게 되면 다음 번 채용까지 기다려야 하는 불편함이 있었고요, 외국계 기업의 경우에는 아예 공채라는 개념이 없었기 때문에 알아서 지원을 해야 한다는 어려움이 있었습니다. 만약에 원하는 회사에서 공고가 나와도 막상 제가 지원하려는 position이 아닌 경우가 더 많았기 때문에 도대체 어떤 방법으로 공략을 해야 하는지 감을 잡기가 어려웠습니다.

음, 그랬군요. 주 타깃으로 삼았던 회사는 어디였습니까?

저는 그 당시 저의 가장 큰 경쟁력으로 부동산 관련 지식과 영어 능력을 꼽았었습니다. 그래서 자연스럽게 외국계 부동산 컨설팅 회사 쪽으로 더 많이 집중하게 되었고요. 사실 미국에서 부동산을 전공하고 국내로 들어오는 인력이 그렇게 많지 않기 때문에, 잘만 하면 충분히 승산이 있을 거라는 생각이 있었습니다. 하지만 바로 전에도 말씀을 드렸다시피 공고들이 많이 올라오지 않았기 때문에 답답한 구직 활동의 연속이었죠.

그럼, 그 어려운 상황은 어떻게 극복해 나갔습니까?

단순하게 생각하기 시작하면서 문제가 풀리기 시작했던 것 같습니다. 그러니까 원래 미국에서는 공채라는 개념이 없기 때문에 커버레

터와 이력서를 만들어서 여기 저기 뿌리지 않습니까? 물론 요새는 국내 회사들도 인력풀을 가동해서 수시로 입사 지원서를 받고 있습니다만, 미국 회사는 원래 국내랑 채용 시스템이 달랐으니까요. 어차피 제가 원하는 position이 열리지 않을 거라면 제가 직접 한번 열어보는 것이 어떨까 하는 생각을 하기 시작했습니다.

네, 그리 나쁘지는 않았습니다. 왜냐하면 저는 국내에 있는 외국계 회사의 지사장들을 직접 공략했었거든요. 아무래도 수시로 이력서를 주고 연락을 받을 수 있으려면 미국식의 채용 문화를 충분히 이해할 수 있는 사람에게 이력서를 보내야 했기 때문에 인사 부서에 있는 한국 직원들보다는 해외에서 온 지사장들이 더 유리할 수 있다고 판단했습니다.

네, 많지는 않았지만 몇 군데에서 지사장들이 직접 메일로 연락을 주었고 그 중에서 몇 번은 실제 면접까지 봤습니다. 그러던 중에 한 군데의 회사에서 또 연락이 왔는데, 지사장이 저에게 상당히 많은 관심을 보여주었습니다. 제가 들어가고 싶었던 회사이기도 했고, position도 마침 비어 있었기 때문에 진짜 제대로 된 기회였죠.

빙고, 하하하. 죄송합니다. 너무 잘 집어내서서 저도 모르게 그만. 하하하. 사실 이때에는 제가 잘못된 reference를 활용해서 스스로 일을 그르쳤던 경우였습니다.

※ Reference는 참고인, 참조인 또는 신원 조회인 정도로 표현이 가능한데, 영미권에서는 취업이나 이직 시 지원자에 대한 정보를 알아볼 수 있는 사람에 대한 정보를 작성하는 공간이 따로 있다.

Reference라면 참조인을 말하는 건데요, 무슨 일이 있었나요?

그러니까 지사장하고 약속을 잡은 후에 한 선배와 통화하다가 면접을 본다는 얘기를 했거든요. 그런데 이 선배가 자기가 그 지사장을 잘 안다는 겁니다. 전화해서 잘 말해준다고 걱정하지 말라고 하더군요.

그럼 상황이 오히려 더 좋아진 것 아닌가요?

네, 그렇죠. 그때까지는 그렇게만 생각했죠. 사실 그 선배가 발은 넓은데 조금 허풍이 센 그런 스타일이었거든요. 믿어볼까 말까 하다가 제 상황이 너무나도 절실해서 믿고 맡겨버리고 말았는데, 바로 다음날 전화가 오더군요. 자기가 지사장한테 전화해서 잘 말했으니까 걱정하지 말고 면접을 보라고요. '아싸, 믿어보길 잘 했구나' 라고 생각하고 있는데, 지사장한테 전화가 오더니 갑자기 면접 날짜를 미루자는 겁니다.

네, 그래서 제가 이유를 따져 물었죠. '도대체 왜 그러느냐, 날짜까지 다 잡아놓고 이제 와서 이렇게 하면 어떻게 하느냐?' 라고 따지고 싶었지만, 그렇게는 못하고 최대한 정중하게 이유를 물었죠. 그랬더니 그 소개시켜준 선배하고 어떤 사이냐고 묻더라고요.

학교 선배라고 말했죠, 그랬더니 그 지사장이 하는 말이 자기네하고 비즈니스상 안 좋은 일로 연관된 적이 있었는데, 그 일 때문에 자기네 회사에서는 그 선배를 믿지 못하고 있다는 겁니다. 그러면서 그런 사람의 추천을 받은 사람 역시 신뢰가 가지 않아서 면접 기회를 다음으로 미룰 수밖에 없다고 말하더라고요. 참, 나 어이가 없어서.

그렇죠, 뭐 면접을 봤어도 어떻게 될지는 모르는 상황이었지만, 그래도 시도도 못 해보고 바로 앞에서 멈추고 말았으니까 저 역시 답답하기만 했습니다.

오히려 저한테는 약이 되었던 사건이었습니다. 더욱 신중하게 생각하고 행동을 하게 되었고요, 정확하지 않은 정보는 얻기는 했지만 활용을 하지는 않았습니다. 그러던 중에 우연히 친구와 술자리를 하다가 제 인생의 은인을 만나게 되었죠.

네, 친구와 술을 한잔 하면서 부동산 컨설팅 회사를 목표로 취업을 준비하고 있다고 말했는데, 아, 마침 자기 후배 중 한 명이 외국계 부동산 컨설팅 회사에 다닌다는 겁니다. 지난번 그 선배 일도 있고 해서 일단은 그 친구에게 이것 저것을 물어보았는데, 그 친구가 바로 전화를 걸더군요. 잠시 후에 그 후배라는 사람이 술자리에 합석을 하게 되었고요.

일단은 정보를 좀 많이 캤습니다. 잡다한 질문부터 회사에 대한 것까지 물어보면서 적극적으로 관심을 보였죠. 연락처를 주고 헤어졌는데, 다음 날 이 친구한테 전화가 와서 면접을 보러 오라더군요.

그럼 바로 면접을 보러 가셨습니까?

당연히 아니죠. 그 후배에게 다시 연락을 해서 밥 한 끼 사주면서 면접에 대해서 이것 저것 물어보면서 준비를 했죠. 그렇게 해서 면접 방식과 준비해야 할 것, 그리고 어떤 사람을 찾고 있다는 것 등을 세부적으로 알 수 있었습니다.

면접은 어떤 방식이었고, 어떤 사람을 원하고 있었나요?

아무래도 외국계 회사였기 때문에 영어를 우선적으로 잘해야 했었고요, 부동산에 대한 관련 지식이 풍부해야 했습니다. 면접은 상황에 대한 내용을 만드는 written test가 있었고, oral test는 그냥 실무진 면접으로 대신했습니다. 여기까지는 제가 내세우고 있는 경쟁력과 잘 맞았는데, 문제는 인성적인 면이었죠.

그 부분에서는 많은 차이가 있었나요?

아뇨, 문제가 있었다기보다는 그런 부분까지 신경을 써야 한다는 것 자체를 알지 못했습니다. 특히 이 B라는 회사는 지원자의 사람 됨됨이를 많이 본다고 하더라고요. 어차피 면접 보러 오는 지원자의 기본적인 실력이나 자질은 비슷비슷하니까, 조직과 잘 융화될 수 있고, 특히나 겸손하면서 매너 있는 사람을 선호한다고 하더라고요. 그래서 제가 그런 사람이 되기로 했죠. 실제로도 조금 그럽니다. 하하하.

역시 많은 정보를 얻은 후에 도전했기 때문에 결과가 좋았군요. 면접은 수월했습니까?

그렇습니다. 알고 가는 사람과 모르고 가는 사람은 당연히 차이가 있을 수밖에 없었죠. 나중에 입사를 하고 난 후에 알게 된 거지만 제가 지금 일하는 이 position에 적합한 사람이 없어서 6개월 동안 수시로 계속해서 면접을 봤다고 하더라고요.

6개월 동안이나요? 그렇게 마음에 드는 지원자가 없었던 모양입니다.

그런가 봅니다. 한 부분이 마음에 들면 다른 부분이 마음에 들지 않았던 모양입니다. 하지만 저는 뭐 모든 부분을 충족시킬 수 있는 방법을 터득한 후에 면접을 보았으니까, 다른 지원자들보다는 훨씬 더 유리한 상황에서 시작하게 된 셈이죠.

그렇군요. 실제로 업무를 해보니까 어떻습니까? 대학에서 공부한 것이 도움이 됩니까?

물론 전공이 도움이 되기는 합니다. 부동산이라는 것이 어차피 재무적인 부분과 관련이 많기 때문에 건물을 평가하거나 수치화할 때 전공 지식이 많이 필요한 편입니다. 단, 세금을 적용하거나 하는 부분은 아무래도 두 나라의 차이가 있기 때문에 이런 부분은 적용이 어렵고요. 그런데 저는 대학이라는 장소가 세부적인 지식만을 가르쳐주는 곳이라고는 생각하지 않습니다.

흠, 새로운 이론이시군요. 그럼, 대학에서 배운 것은 무엇이라고 생각하십니까?

어떤 과제를 받았을 때 그것을 어떻게 해결해야 하는지에 대한 과정을 이해하는 것. 제가 대학에서 배운 가장 큰 것은 바로 이거였습니다.

어, 좀 바로 와 닿는 설명은 아닌 듯한데요?

아, 그럼 조금 더 구체적으로 설명드려 보죠. 예를 들어서 어떤 주제에 대해서 15페이지 이상의 에세이를 제출해야 한다고 가정해 보겠습니다. 처음에 그러한 과제를 받았을 때 저는 도대체 어떤 방법으로 문제를 해결해야 하는지 알지 못합니다. 룸메이트에게 도서관이 어딘지 물어 보았습니다. 도서관에서는 부동산 관련 서적이 어디에 있는지 사서에게 물어 보았습니다. 그 이후에 관련 서적들을 대출한 후에 자료를 정리해서 교수님께 검토 받았습니다. 그 중에서 잘못된 부분은 수정하여 다시 자료를 정리한 후에 수업 시간에 사용하는 교과서를 통해서 자료를 검증해 보았습니다. 에세이를 완료한 후에 제출했습니다. B라는 점수를 받고 다시 교수님을 찾아가서 어떤 부분이 부족했는지 여쭈어 보았습니다.

이렇게 한 과정을 마치고 나면 그 다음부터는 에세이를 작성하기 위해서 도서관 3층의 우측 구석에 있는 섹션에서 관련 서적을 찾고, 그 중에서 몇 페이지를 열면 내가 원하는 정보가 있다는 것을 알 수 있습니다.

대학에서는 교육을 통해서 한 개인이 어떤 문제에 직면했을 때 그 문제를 가장 효과적으로 해결할 수 있는 방법을 알려준다고 저는 생각합니다. 실제로 제가 그랬으니까요. 예를 들어서 말씀드린 것은 그야말로 가장 기초적인 수준의 것이고요, 이러한 과정을 거치면서 조금 더 크고 어려운 문제들을 해결할 수 있는 내공이 쌓인다고 할까요? 저는 대학에서 그것을 배웠습니다.

아, 이에 대해서는 제가 입사 후에 느낀 점이 많습니다. 일단 미국이라는 나라가 크지 않습니까? 당연히 인종이 다양하고 언어가 다양하고 문화가 다양합니다. 그런 다양한 것들을 한꺼번에 경험해 보았다는 것 자체가 주는 이득이 있고요. 땅 덩어리가 큰 만큼 건물도 많습니다. 건물이 많은 만큼 비즈니스가 다양하고요, 선진 기법들이 많습니다.

물론 제가 그러한 것들을 일일이 직접 경험해 본 것은 아니지만, 먼저 본 것과 나중에 본 것은 차이가 있습니다. 실제로 최근에 지어지는 건물들은 미국의 쇼핑몰 형태를 많이 따르고 있는데, 먼저 본 적이 있기 때문에 더 빨리 이해하고 일을 할 수 있다는 점에서 도움이 됩니다.

당연히 있습니다. 아직도 버벅대고 있고요, 한참 몰라서 배우고 있는 중입니다. 하하하. 우선 이 회사가 영국계 회사입니다. 그래서 영국식 영어를 사용해야 하는데, 듣기나 쓸 때에도 영국식 영어는 미국식 영어와 조금 차이가 있습니다. 특히 막 입사했을 당시에는 정말로 영국 영어에 익숙하지 않아서 애를 먹었죠. 이제는 자주 접하다 보니까 나름대로 익숙해져서 지금은 크게 어렵지 않고요.

또 하나 어려운 점은 심리적인 부담입니다. 보통은 입사 후 1년 정도가 되어야 프로젝트를 담당할 수 있는데, 저는 6개월이 지난 후에 바로 프로젝트에 투입되었거든요.

오호, 그렇게 된 이유라도 있습니까?

글쎄요? 제가 일을 잘해서 그런가요? 하하하. 제 생각에는 회사에서 요구하던 조건에 제가 딱 들어맞았던 것 같고요, 실제로 뽑아놓고 일을 시켜보니까 그 기대가 크게 어긋나지 않아서 그랬던 것 같습니다. 더한다면 제가 조직 생활을 참 잘하거든요.

조직 생활을 잘 하는 나름대로의 비법이 있으신가요?

자기 위치를 충분히 이해하면 된다고 생각합니다. 지금 조직에서 나의 위치가 무엇인지를 파악하게 되면 내가 무슨 일을 해야 하고, 아랫사람으로서 할 수 있는 것과 해서는 안 될 일이 가려지니까요. 그것만 잘 지키면 어떤 조직에서도 크게 문제될 일을 만들지는 않을 거라고 믿습니다.

아까 부담감이 크다고 했는데, 실제로 피부로 느끼는 것이 있습니까?

아직 피부로 느낄 정도는 아닙니다만, 은근히 기대가 크다는 것은 알고 있습니다. 제 생각에 입사 후 1년까지는 그냥 지켜보는 것 같습니다. 그 이후에도 제가 기대에 부응을 하지 못하는 결과를 가져오게 된다면 구박을 받기 시작하겠죠.

지금까지는 회사 측에서 저를 믿고 지켜 봐주었다면, 이제는 제가 노력과 결과를 보여주어야 할 때라고 생각합니다.

반드시 좋은 결과를 보여줄 것이라고 믿어 의심치 않습니다. C 씨께서는 아직 풋풋하다고 하셨습니다. 일 잘하는 새내기란 어떤 새내기일까요?

저는 다음의 세 가지를 꼽고 싶습니다. 첫째는 윗사람들이 신경 안 쓰게 일 처리를 하는 사람. 둘째, 능동적으로 일하는 사람. 셋째, 꼼꼼한 사람입니다. 이 세 가지가 저희 회사 업무 쪽에 맞춰진 것들일 수도 있겠지만, 기본적으로 신입이라면 갖추어야 할 사항들이 아닌가 생각합니다.

음, 솔직히 말씀을 드리면 저는 첫째와 둘째는 괜찮은 편인데, 세 번째 꼼꼼함은 좀 부족하다는 생각이 듭니다. 그렇다고 덤벙대거나 뭐 그런 거는 절대로 아니고요, 뒤에서 꼼꼼하게 챙기는 것보다 앞에 나서서 행동하는 쪽이 좀더 강하다고 할까요? 업무상 아무래도 여러 사람들을 만나야 하고 PT도 많이 해야 하고요. 이건 자신이 있는데, 행동한 것을 정리하는 면이 조금 약합니다. 마무리하는 능력이 아직은 좀 부족하다고 보아야겠죠.

마무리는 약하다고 말씀드렸을 텐데요. 하하하. 일단은 굉장히 뜻 깊은 시간이었습니다. 제가 지금까지 어떻게 걸어왔는지 뒤돌아볼 수 있는 시간이었고요, 그 때의 그 열정이 다시 막 되살아나는 것 같습니다. 뭐, 아직 제가 그리 오래 회사를 다닌 것도 아니지만 왠지 조금은 안일하게 일 처리를 하고 있는 것이 아닌가 하는 생각도 들곤 했거든요. 이게 정말로 내가 하고 싶던 일인가, 그토록 하고 싶던 일을 내가 지금 이렇게밖에 못하고 있는 건가 하는 뭐 그런 비슷한 생각들이지요.

그런데 오늘 인터뷰를 통해서 마음을 다잡게 되었습니다. 아까도 말씀드렸다시피 이제는 저를 믿고 있는 회사를 위하여 제가 무언가를 보여주어야 할 때니까요. 무엇인가 새로운 바람이 필요한 시기였는데, 많은 도움이 되었다고 생각합니다. 감사합니다.

그런가요? 감사합니다. 아무튼 별거 없는 제 말씀을 잘 들어주셔서 감사드립니다.

■ S 모 국내 대기업의 K 모씨 (여성)

안녕하십니까? K 모씨. 인터뷰 대상자 중에서 유일한 여성분입니다. 간단한 자기 소개로 인터뷰를 시작해 볼까 하는데요.

먼저 인터뷰에 저를 불러주셔서 감사드린다는 말씀을 드리고 싶습니다. 회사에 들어간 지 얼마 되지도 않았는데 저에게서 뭘 캐내시려는 것인지, 하하하.

그건 제가 알아서 캐내겠습니다. 그런데 자기 소개는 안 해주십니까?

아, 네 S 모 그룹에서 기업 고객들을 대상으로 BTB 국내 영업을 하고 있습니다. 기술 영업이지요. 28세의 여성이고요.

주위에서 K 모씨의 취업을 두고 기적을 이끌어 냈다고 한다고 들었습니다. 어떻게 생각하십니까?

객관적인 스펙만 두고 본다면 충분히 그렇게 생각하실 수 있습니다. 국내 최고의 회사인 S 모 그룹에서 일하고 있으니까요. 하지만 취업이라는 것이 객관적인 숫자에 의해서만 되는 것이 아니라고 믿었고, 또 제가 그것을 입증해 내지 않았습니까?

제가 잘났다기보다는 저와 비슷한 스펙으로 고민을 하시는 분들께 조금이라도 용기를 드릴 수 있지 않을까 하는 생각으로 인터뷰에 응하게 된 것입니다.

대학에서는 통계학을 전공하였습니다. 대학 수준은 중급 정도의
여대였고요.

'예', '아니오'로 답변을 해야 하는 질문이라면 제 답변은 '아니
오'입니다. 특별한 이유는 없었고요, 단지 숫자를 다루는 것에 재능
이 있다고 생각했기 때문에 통계학을 전공하게 된 것입니다.

그렇게 물어보시니까 아주 열정적으로 공부를 했던 기억은 없습니
다. 하하하. 단지 제가 선택했던 전공이라서 공부를 했을 뿐이었던
것 같네요. 학점 역시 좋지 않았습니다. 대학교 때의 학점이 3점을 넘
지도 못했으니까요. 정확하게 2.91이었습니다.

저는 저의 적성과 진로를 상당히 늦게 깨달은 케이스입니다. 대학
원을 졸업하고 잠깐 통계쪽 일을 하면서 비로소 저의 길이 아님을 깨
닫고 다시 시작한 케이스이기 때문에 그 전까지의 학업에 대한 부분
은 솔직히 말씀 드리기 부끄럽습니다.

통계학을 공부하기는 했지만 그냥 공부했다는 표현이 가장 적절할 것 같습니다. 학교에서 가르쳐주니까 그냥 수동적으로 배우지 않았나 생각합니다.

네, 그렇죠. 통계학 학사를 따고 난 이후에 취업을 하려고 했는데 석사를 취득하면 취업하는 데 훨씬 유리할 거라는 소리에 혹해서 대학원에 진학하게 되었습니다. 조금 핑계를 더 대자면 그 당시에 IMF의 여파로 기업체에서 인턴이나 신입을 잘 뽑지 않을 때였습니다. 나름대로는 초이스가 없다고 생각했었죠.

그리고 대학원에서 공부를 하면서 이 길이 나의 길이 아니구나라는 것을 점차 깨닫게 되었고요.

그것은 아마도 저의 학창 시절과 관련 있지 않을까 생각합니다. 제가 여중, 여고를 나와서 청소년기에 남학생들과 부딪히면서 생활한 경험이 없거든요. 거기에다가 여대까지 가게 되니까 제 스스로 제가 상당히 여성스러우면서도 얌전한 사람인 줄로 착각을 했었던 모양입니다. 통계학을 전공한 것도 그런 이유에서인데, 제 안에 흐르고 있던 피가 제가 잘못된 길을 가고 있다는 것을 조금씩 알려주지 않았나 싶습니다.

대학원 때는 3.85를 받았으니까 나쁘지는 않았습니다. 그때는 억지로 공부를 하면서도 이미 시작한 거 끝을 보자는 생각이 많았죠. 그래서 졸업 후에 처음 직장도 통계 관련 회사로 가게 되었고요.

네, 맞습니다. 첫 직장은 통계분석 회사에서 통계 분석사로 일하는 것이었는데, 확실히 석사를 했더니 취업이 쉽기는 했습니다. 먼저 이걸 직접 확인해 보고 싶었고요. 그 다음으로는 대학하고 대학원에서 배운 것들이 아까웠고요. 마지막으로는 이러한 이론들이 실전에서는 어떻게 활용이 되는지 너무 궁금했습니다.

그렇다고 볼 수 있죠. 그 호기심들을 다 풀고 나자마자 6개월 만에 바로 회사를 떠나기로 결심했으니까요.

그렇게 쉽게 결심이 서던가요? 보통은 회사를 다니면서 다른 일자리를 알아보는데….

사람들이 다 말렸죠. 부모님도 친구들도 다 말렸습니다. 하지만 그 당시에 저는 다른 회사에 다 떨어져도 이 일을 다시는 하지 않을 것이라는 생각을 했습니다. 그래서 과감하게 회사를 떠날 수 있었고, 지금도 그 결심에 후회는 없습니다.

아까도 잠깐 말씀드렸다시피 저는 사실 굉장히 활동적이고 외향적인데, 주위 환경으로 인하여 그런 것들을 잊고 살았습니다. 용기가 없는 사람이 주위 탓만 하는 것일지도 모른다는 생각도 들었고요. 그래서 더욱 용기를 냈고, 그만 두었습니다. 통계 분석이라는 일도 상당히 정적인 업무였기 때문에 저하고는 잘 맞지 않았죠.

이 짧은 경력은 잠시 후에 다시 다루기로 하고요. 퇴사 후의 생활이 상당히 궁금합니다.

퇴사 후 저는 바로 중국으로 여행을 다녀왔습니다. 일단은 이전의 제가 아닌 다른 사람이 되어야 한다는 생각이 있었고, 또 제 안에 움츠리고 있던 피를 새롭게 꺼내는 시간을 갖고, 마지막으로 제가 앞으로 어떤 일에 도전해야 할지 고민할 시간이 필요했습니다. 6개월간 일하면서 모아둔 돈이 조금 있었으니까요. 하하하.

그래서 찾게 된 일은 무엇이었나요?

영업이었습니다. 물론 경험해 보지는 않았지만, 영업이 저에게 딱 맞을 거라고 생각했고, 그 일을 위해서 제 모든 것을 바칠 수 있다는 자신감이 생겼습니다.

중국에서 보름 정도 생각을 정리하고 난 후에 돌아올 때는 정말로 기분이 좋았습니다. 물론 저만 그랬겠죠. 주위에서는 다들 우려의 눈빛으로 저를 지켜보고 있었으니까요. 그런데 그런 것들이 오히려 더 자극제가 되더라고요. 본격적인 백수 생활이 시작된 것이죠. 하하.

일을 안 했으니까 백수죠. 백조죠, 백조. 여자니까요. 제가 백수 생활이라고 부르는 이유는 지금의 S 모 그룹에 입사하기까지 생각보다 많은 시간이 걸렸기 때문입니다.

한 번도요. 처음에는 솔직히 두렵기도 했었지만 조금씩 시간이 가면서 가능할 거 같다는 생각이 들었습니다. 처음에 서류에서 탈락하던 것이 합격하고, 1차 면접에서 탈락하던 것이 2차, 3차, 최종까지 가는 것을 보면서 조금만 더 하면 되겠다는 생각을 했습니다.

총 8개월이 걸렸습니다.

진짜 주위에서는 미쳤다고 했지만 저는 스스로를 용감하다고 생각했습니다. 음, 그 전에는 용감하지 못했으니까 많이 용감해진 거라고 생각을 했고, 반드시 될 거라고 생각하면서 칼을 갈았습니다.

처음에 한 일주일 정도는 좀 쉬었습니다. 생각이 많기도 했고, 나름대로 조금 쉬고 싶다는 생각이 들기도 했거든요. 그런데 딱 일주일이 지나고 나니까 스스로 비참해지면서 서러운 생각도 막 드는 겁니다. 그래서 계획표를 만들었습니다.

하하하. 비슷합니다. 요일별로 다르지는 않았고, 그냥 하루 계획을 표로 정리해서 책상 앞에 붙여놓고 계획대로 움직였습니다.

정확하게 시간별로 기억이 나지는 않는데, 아무튼 아침에는 무조건 6시에 기상을 했습니다. 기상 후에 가볍게 운동을 하고, 아침 먹으면서 뉴스를 보고, 그 다음에는 아침 신문 스크랩으로 시간을 보냈습니다.

뭘 스크랩 하셨는데요?

아, 기업체 신문 기사요. 저는 취업이 정보전이라고 생각했습니다. 물론 이력서나 면접 등의 정보를 구하는 것도 중요하지만 제가 지원하는 회사가 도대체 어떤 회사인지 알 필요가 있었으니까요. 신문을 보면 그 회사에서 최근에 무엇을 하고, 어떤 새로운 서비스를 제공하며, 그 결과가 어땠는지, 실적은 어떻고…. 아무튼 모든 소식을 구할 수 있으니까요. 몇몇 회사를 정해놓고 매일 신문을 스크랩해서 회사별로 모아두었습니다. 지난 기사는 인터넷을 뒤져가면서 찾아냈죠.

예를 들면 A라는 회사에서 B라는 신제품을 출시했는데 반응이 상당히 좋다라는 식의 기사가 나오면, 인터넷을 뒤져서 날짜를 계속 거슬러 올라갑니다. 그러면 언제 그 B라는 제품이 출시되었고, 그 전에는 어떤 식으로 홍보를 했으며, 어떤 문제 혹은 이슈가 있었는지를 세부적으로 알 수 있습니다.

그게 끝나면 취업 포털을 돌면서 구직 정보를 구하고, 즐겨찾기를
해놓은 타겟 회사를 돌면서 새로운 채용이 없나 살피고, 메모해서 정
리하고를 반복했습니다. 그리고 나면 점심을 먹을 시간이 되죠.

그래도 잘 먹었습니다. 잘 먹어야지 힘내서 열심히 리서치하고 공
부할 수 있으니까요. 오후에도 헬스 클럽에서 가서 1시간씩 운동했으
니까, 아침, 저녁으로 운동했죠. 나중에 몸도 마음도 지칠 것을 대비
해서 꾸준히 운동했습니다. 체력전이 될 수도 있었으니까요.

오후에는 본격적으로 이력서랑 자기 소개서를 쓰기 시작합니다.
오전에 찾아놓은 채용 공고와 리서치 자료를 보면서 회사별로 다르
게 접근을 하는 거죠. 그래서 한 군데에 이력서를 제출하려면 최소한
반나절은 걸렸습니다.

뭐, 워낙 경쟁들도 심했고, 글 솜씨가 없어서 그랬는지, 어쨌든 제 이력서랑 자기 소개서가 처음에는 잘 어필하지 못했습니다.

실망스러운 것도 있었겠지만 그 당시에 저는 실망도 사치라고 생각했습니다. 차라리 실망을 하는 시간에 실패 원인을 한번이라도 더 분석해보자. 이렇게 생각했죠. 그리고 처음에는 저의 단점을 어떻게 포장해야 하는지를 전혀 알지 못했습니다. 제가 학점도 안 좋고, 그렇다고 딱히 경력도 맞지 않는 것 같고, 토익 점수도 좋지 않았거든요.

여러 가지 버전을 만들기 시작했습니다. 처음에 한 버전으로 만들어서 제출했는데, 서류 합격률이 낮으면 과감하게 그 버전은 삭제해 버렸습니다.

네, 안 됩니다. 너무 단호한가요? 저의 경우에는 기존에 있던 문서를 조금씩 손보는 방법이 잘 먹히지 않았거든요. 기존에 남아 있던 냄새가 없어지지 않고 계속 남아 있기 때문에 조금씩 고쳐 봤자 그 놈이 그 놈이 되고 말았던 거죠. 처음에는 이런 방법으로 했다가 결과가 계속 좋지 않아서 그 이후에는 컴퓨터에서 완전히 삭제한 후에 새롭게 쓰기 시작했습니다.

아주 조금씩이요. 조금씩 높아지기 시작해서 면접도 종종 보기 시작했고요. 실제로 작성한 이력서는 몇 통이 되는지 생각도 안 나고요, 작성했던 버전만 해도 몇십 가지가 되니까. 어휴, 생각만 해도 끔찍합니다.

일단 가장 큰 부분이 학점이었습니다. 대학원 학점은 그렇다고 쳐도, 학부 때의 성적이 3점을 못 넘었기 때문에 대학교 때 했던 아르바이트나 봉사 활동 같은 걸로 사회성을 키워갔다는 쪽으로 내용을 맞추었습니다.

그리고 통계 분석사로 일했던 내용은 실제로 조직 경험이나 조직의 일원으로서 책임감이 얼마나 중요한지 느낄 수 있었거든요. 그래서 그 부분을 강조해서 작성하였고요.

여성이 영업에 지원한다는 점에 초점을 맞춰서 남성들보다 감성적인 접근으로 영업을 수행할 수 있다는 점도 부각시켰습니다.

그렇다고 해도 단점을 너무 포장하려고 드는 것은 오히려 부정적인 느낌을 줄 수도 있었을 텐데요.

네, 맞습니다. 그래서 너무 포장만 많이 하려고 하는 것보다 스스로 저의 단점이 무엇인지 정확하게 파악하고 있다는 것을 보여주었습니다. 예를 들면 어떤 부분이 부족하기 때문에 무엇을 더 보강하면서 일을 배우겠다는 식으로요. 그 솔직한 느낌이 잘 전달이 되었는지 면접을 보는 횟수가 점차 늘기 시작했죠.

그럼 면접도 엄청나게 많이 보셨겠군요.

그럼요, 거의 면접 도사가 다 되었죠. 일단은 서류를 통과하는 것이 1차 목표이니까 이력서랑 자기 소개서 이외에 제안서나 기획서 같은 것도 추가적으로 작성해서 제출했는데, 그 덕에 면접을 좀 보았죠. 근데 면접에서도 성적이 좋지는 않았습니다.

면접에서도 학점 등을 포함한 단점을 물고 늘어지지 않았나요?

네, 그랬습니다. 이때에도 저는 솔직한 전략으로 나갔습니다. 제 생각에 신입이라면 다 거기서 거기라고 생각을 했습니다. 스스로를 위로했던 것인지는 모르겠지만 경력이 많고, 엄청나게 많은 사람들을 경험한 인사 담당자 앞에서 졸업한 지 얼마 되지 않은 신입들은 모두 똑같을 거라고 생각했습니다. 그리고 그들이 지원자의 동기나 포부를 얼마나 중요하게 보는지도 알게 되었고요. 이 부분은 나중에 다시 말씀을 드리죠. 아무튼 그래서 단점은 포장을 하되 솔직하게 노출을 하면서도, 왜 이 영업이라는 일에 지원을 하게 되었고, 왜 이 회사여야만 하는지를 아주 자세하게 설명했습니다.

앞선 질문에서 스스로를 용감해졌다고 말하셨는데, 실제로 구직 활동 중에서 용감하게 행동한 적이 있습니까?

물론입니다. 너무 용감해서 무모할 때도 많았습니다. 한번은 L 모그룹에 이력서랑 자기 소개서를 제출했는데, 그때가 채용 기간이 아니었습니다. 수시 채용에 제출을 했는데 도대체 연락이 오기까지 기다리다가는 지쳐버릴 것 같더라고요. 제안서도 제출하고 나름대로 심혈을 기울였는데 연락이 없길래 제가 먼저 연락했습니다.

하하. 순순히 받아주던가요?

전화는 순순히 받아주었지만 한번만 면접 기회를 달라고 하는 요청에는 절대로 응해주지 않았습니다. 그래서 일단은 무작정 회사를 찾아가보기로 결심하고 한번만 만나달라고 했습니다. 그 분이 인사팀에서 막내였는데, 제가 하도 조르니까 면접은 못 봐도 정보는 줄 수 있으니까 찾아오라고 말씀하시더라고요.

대단하십니다. 일단 미팅까지는 약속을 잡으셨군요.

그래서 만나서 그 회사의 채용에 대한 절차와 면접에 대한 정보를

 나의 취업 경쟁력을 점검해주는 7가지 'ㅈ' 이야기

직접 듣고 있던 찰나에 인사부장님께서 옆을 지나가시다가 저희를 발견하고 무엇을 하고 있는지 묻더라고요. 그래서 그 막내분이 여차 저차 설명을 했더니 허허 웃으시면서 지금 면접을 한번 보자고 하더 라고요.

네, 정말입니다. 물론 면접에서 떨어지기는 했지만 정말로 많은 것 을 얻을 수 있었던 경험이었습니다. 아까 제가 신입은 스펙도 중요하 지만 지원자의 열정이나 동기, 포부 등이 중요하다고 말씀드린 것도 이 면접을 통해서 깨닫게 되었습니다. 그 인사부장님께서도 저의 열 정을 보시고서 면접을 흔쾌히 진행해 주었다고 하셨거든요.

이게 더 많죠 사실은. 가장 기억에 남는 일은 모회사의 수시 채용에 지원을 하고 인사 담당자에게 이메일로 따로 이력서랑 자기 소개서 를 보냈거든요. 답변 메일이 왔는데, 물론 아주 정중한 어투로 작성을 하기는 했지만 요지는 다음과 같은 내용이었습니다.

너와 같은 스펙으로 우리 회사에 지원하다니 아직 세상을 잘 모르 는 것 같다. 그냥 다니던 회사에 다시 들어가라.

아, 물론 아주 정중하게 답변을 주기는 했지만 어떤 메시지를 전달 하고 싶은지 알 수 있었으니까요. 정말로 오기가 생겨서 나중에 S모 그룹에 합격한 후에 나 S 모 그룹에 합격했다고 알려주고 싶을 정도였습니다. 하하.

상처를 많이 받았겠군요.

물론 상처를 받았죠. 근데 상처를 받으면 받을수록 점점 더 내공이 쌓여갔고, 피부가 두꺼워지는지 웬만한 상처에는 끄떡도 하지 않게 되더라고요. 하하하.

내공이 쌓이는 만큼 면접에 대한 노하우도 쌓였을 텐데요.

당연합니다. 면접을 보면 볼수록 부담이 점점 없어지기 시작했습니다. 처음에는 면접이 너무 떨려서 답변하는 내내 목소리가 떨렸던 기억이 납니다. 나름대로 거울을 보면서 연습하기도 하고 친구들에게 부탁해서 롤 플레잉을 하기도 했고요.

그렇게 하다 보니까 제가 답변을 하면 면접관이 어떤 식으로 치고 나올 것인지를 조금씩 예상할 수 있게 되더군요. 다음에 어떤 질문이 나올 것인지 알고 있는데 더 이상 떨릴 일이 뭐가 있겠습니까?

면접 말고 적성검사에 대한 노하우도 생겼습니다. 적성검사는 물론 솔직하게 해야 하지만 나름대로 회사라는 조직에서 개인에게 어떤 인성이나 적성을 원하는지 파악이 되더라고요. 패턴이 눈에 확 들어오게 됩니다. 원하는 답만을 골라내는 능력이 생긴 거죠.

그랬군요. 본인의 이미지 역시 지원 직종에 맞춰서 새롭게 바꿨다고 들었습니다. 이건 무슨 말입니까?

네, 앞에서도 계속 말씀드렸지만 여중, 여고, 여대를 나오면서 성격과는 다르게 상당히 여성적인 외모와 이미지를 갖추게 되었습니다. 사실 이 부분은 별로 중요하다고 생각하지 않았는데, 어느 날 우편 접수용 이력서에 붙어 있는 사진을 보신 어머니께서 이렇게 예쁜 딸을 왜 뽑아주지 않는 거냐면서 여담을 하셨는데, 그때 번쩍했습니다.

뭐가 번쩍했나요?

사진이 너무 예쁘다는 말이요. 아, 제가 예쁘다는 게 아니라 사진이 너무 여성스럽게 찍혀 있었고, 사실 긴 생머리에 밝은 색 블라우스를 입고 있는 사진을 사용하고 있었거든요.

그런데요?

이게 영업이라는 분야에 지원하는 사람의 이미지랑은 조금 안 맞을 수도 있다는 생각이 들더라고요. 사진이 너무 여성스럽게 나와서 정말로 이 일을 잘할 수 있을 만한 사람인지 의심이 갈 수도 있다는 생각이 들었거든요.

아, 이제 무슨 말인지 알았습니다. 그래서 어떻게 했나요?

먼저 머리를 짧게 잘랐습니다. 단발보다 더 짧게 자른 후에 사진을 다시 찍었죠. 남색이 신뢰감을 주는 색이라고 들어서 남색 정장을 입고 사진을 다시 찍어서 그걸 이력서에 붙여서 썼습니다.

후회를 남기지 않기 위해서 필요한 부분이었습니다. 해볼 건 다 해봐야지 떨어져도 분석이 가능하니까요. 다른 부분은 스스로 만족할 만하게 발전이 되었습니다만, 이 부분은 새롭게 깨닫게 된 거라서 일단은 손을 대줄 필요가 있었죠.

새로 바꾼 이미지는 실제 면접에서 더 호응이 좋았습니다. 저도 제 이미지를 그렇게 바꾸고 나니까 더 와일드하게 변화하는 듯한 기분이 들어서 힘도 났고요. 거기다가 나름대로 쌓은 면접 노하우까지 있었으니까 절대로 주눅이 드는 일은 없게 되었죠. 그러다 보니까 왠지 더 자신감이 있는 지원자처럼 보이게 되었고, 실제로 별로 스펙도 좋지 않은 지원자가 주눅도 들지 않고 면접에 임하니까 면접관으로부터 질문도 한두 번 더 받았던 기억이 납니다.

여기에 제출할 때는 저도 상당히 많이 지쳐 있었고요, 어려움도 많았고요. 스트레스로 인한 피부병까지 나서 몸 상태가 이만 저만이 아니었죠. 그래서 정말 여기 지원하는 이력서랑 자기 소개서 쓸 때는 울

컥하는 심정으로 썼습니다.

울컥하는 심정이란 어떤 심정을 말하는 건가요?

진짜로 제 안에 있던 거품이란 거품은 다 버리고 정말로 솔직한 심정으로 자기 소개서를 쓰기 시작했습니다. 정말로 일하고 싶다는 열정을 강조했고, 지금까지 제가 어떤 실수를 해왔으며, 그것을 깨달은 후에 정말로 많은 노력을 했다는 것을 눈물로 호소했습니다. 하하하.

다 쓰고 나니까 조금 감성적인 느낌이 없지는 않았지만, 나름대로 진솔하다는 생각이 들어서 수정하기가 싫더라고요. 그래서 그냥 제출을 했는데, 그게 먹혔던 모양입니다. 면접을 보게 되었죠.

면접은 어땠습니까?

면접은 그야말로 저의 지금까지의 면접 경험과 노하우를 모두 펼쳐 보일 수 있었던 시간이었습니다. 전혀 긴장되지도 않았고, 면접관들의 면접 진행이나 다음 번 질문 등이 머릿속에서 시나리오처럼 그려지더군요. 옆에서 떨고 있던 다른 지원자가 안쓰러워 보일 정도였습니다. 하하.

그렇다고 많은 기대를 한 것은 아니고요, 오히려 수많은 면접 중에서 하나라는 생각이 앞섰고, 이번에 또 떨어지면 분석하고 새로운 전략을 세워야겠다는 계획을 하고 있었죠. 이런 자세로 임한 것이 오히려 더 담대하고 용기 있는 지원자라는 느낌을 전달하지 않았나 생각합니다.

저의 부족한 스펙 때문에 내부에서 생각할 시간이 필요했다고 하더라고요. 나중에 인사부장님께 들은 말인데, 저랑 다른 지원자를 두고 3일 정도를 회의를 하셨답니다. 지금 제가 일하고 있는 부서가 여자가 없었거든요, 지금도 없습니다. 나름대로 홍일점인 거죠. 다른 지원자는 저보다 훨씬 스펙이 좋았는데, 저는 회사에 대한 리서치와 관심, 열정 등으로 접근했기 때문에 우열을 가리기 어려웠던 거죠. 결국 스펙보다 열정에 더 많은 점수를 주자는 결론이 나왔고, 저를 뽑으면 잘 배우면서 열심히 일할 것 같다는 생각이 드셨다고 합니다.

인터뷰 맨 처음에 기적이라고 말씀을 드렸던 것 같은데, 저는 오히려 담담했습니다. 그냥 이제 됐구나 하는 생각이 들었고, 제 진심을 알아준 회사에 너무나도 감사했죠. 마음 속 한편으로는 이렇게 열심히 했는데 안 되면 말도 안 된다는 생각도 들었던 것 같고요. 하하하.

네, 도움이 많이 됩니다. 매출 추이를 분석하거나 자료 분석, 재고 정리 등에서 실제로 통계가 많이 쓰이더라고요. 이것을 진작에 알았다면 저의 경쟁력으로 활용해서 이력서나 자기 소개서, 혹은 면접 때

써먹을 수 있었을 텐데요. 이런 부분도 제가 놓친 것 중에서 큰 부분이죠. 그러니까 저의 구직 활동에도 부족한 부분이 상당히 많았던 겁니다.

사실 입사 후에 부족한 부분이 많다는 것을 더 많이 깨달아 가고 있는 중입니다. 아무것도 모르는 신입에게는 모든 것이 다 신기하고 모든 것이 다 배워야 할 부분이죠. 뭐, 물론 영업을 배우는 학과나 학교가 있는 것은 아니지만 일반적인 경영이나 무역 쪽을 공부했더라면 더 빨리 이해할 수도 있다는 생각에 시간적인 여유가 허락되면 더 공부할 계획도 가지고 있습니다.

책임감이 정말로 중요하다는 것을 느끼고 있습니다. 저에게 주어진 임무를 완벽하게 수행해야만 다른 직원들이 맡은 일과 맞물려서 팀의 업무가 잘 돌아가고, 각 팀별 혹은 부서별로 맡은 일이 잘 돌아가야만 회사 전체의 사업이 잘 돌아가니까요.

이건 정말로 중요한 부분이라고 봅니다. 한 사람이 맡은 책임이 무너지면 전체적인 균형이 깨지고 그 부분이 조금씩 가라앉게 되니까요.

제가 뭐 별거 있는 사람이 아니기 때문에 모든 구직 활동을 하시는 분들께 드릴 수 있는 말씀은 없고요. 저처럼 스스로 느끼시기에 스펙이 조금 부족하다고 생각하시는 분들께는 한말씀 드릴 수 있습니다.

스스로 용감해지기 바랍니다. 제가 그랬던 것처럼요. 젊다는 것을 적극적으로 활용해서 계속해서 부딪치기 바랍니다. 패기가 있다면 쉽게 넘어지지 않고, 넘어진다고 해도 금방 일어날 수 있거든요.

그리고 정보를 알아야 합니다. 저는 이걸 정보 스토킹이라고 불렀는데, 한 회사를 스토킹하는 느낌으로 뒷조사를 해서 정보를 캐고 또 캐고를 해야 합니다. 어차피 언론상으로 얻을 수 있는 정보는 한계가 있기 때문에 지인을 통해서라도 얻을 수 있는 정보는 다 얻어야 합니다. 여기에서 정보란 회사에 대한 정보, 입사 지원서, 면접, 적성검사 모두를 포함하는 겁니다.

마지막으로는 이 두 가지를 조합해서 본인의 열정을 보이면 된다고 생각합니다. 이 정도로 열심히 준비를 했다면 회사 측에서도 분명히 지원자의 열정을 볼 수 있습니다. 제가 그랬던 것처럼요.

아뇨, 오히려 제가 감사드립니다. 그때의 열정을 다시 한번 되새기면서 초심을 잊지 않도록 열심히 일하겠습니다. 저를 믿어준 회사에도 공헌을 하며, 아울러 저와 비슷한 상황에서 취업을 준비하는 분들께 어떤 도움이라도 드릴 수 있다면 기꺼이 나서겠습니다.

열정을 가지고 도전하면 반드시 성취한다. 제가 마지막으로 드리고 싶은 말씀입니다.

정자 (Sperm): 용감한 정자 이야기

정자는 0.05㎜의 크기로 올챙이 모양을 하고 있다. 평균 1분당 3㎜를 전진할 수 있으며, 사정된 정자는 자궁까지의 8㎝의 거리를 27분 만에 도달하고 또 여기서 나팔관까지의 10㎝의 거리를 42분 만에 주파한다. 따라서 정자가 난자와 만나는 나팔관까지의 거리인 18㎝를 주파하는 데는 70분이 걸리며 이 거리는 자기 몸 길이의 3,000배나 된다.

1회 사정으로 무려 2~3억 마리의 정자가 방출된다. 하지만 질 속에 사정된 정자의 75~90%는 죽고, 나머지는 자궁 경관에 도달하게 된다. 그리고 최종적으로 단 한 마리의 정자만이 이 치열한 생존경쟁을 뚫고 난자와 결합한다.

대기업들의 평균 입사 경쟁률은 100대 1을 가뿐하게 넘긴다. 400대 1의 경쟁률을 보이는 은행도 있다. 최고 1,066대 1에 이르는 공기업도 있다.

하지만 무엇이 두려운가?

여러분은 태어나면서 이미 3억대 1이라는 엄청난 경쟁을 뚫고 승리했다. 자기 몸 길이의 3,000배나 되는 거리를 이동하면서 말이다.

필자가 여러분들에게 전하고 싶은 마지막 'ㅈ' 이야기이다.